RÉGIME
HYPOTHÉCAIRE.

MODIFICATIONS

A APPORTER AU POINT DE VUE

1° Des hypothèques légales et des hypothèques judiciaires;

2° De la transcription obligée de toutes les transmissions;

3° De l'organisation et constitution des bureaux des hypothèques, et de la CRÉATION D'UN BUREAU CENTRAL de conservation des hypothèques au DOMICILE D'ORIGINE du propriétaire foncier.

PRÉCÉDÉES D'OBSERVATIONS

SUR LE CRÉDIT FONCIER ET L'AGRICULTURE,

ACCOMPAGNÉES DE NOTES STATISTIQUES;

PAR P. DUPRAY,

ANCIEN AVOUÉ, ET ANCIEN SYNDIC DE LA CHAMBRE DES AVOUÉS A ROUEN.

L'esprit d'amélioration vient de la certitude de l'avenir.
(Introd. aux documents relatifs au régime hypothécaire.)

PARIS,

TYPOGRAPHIE DE FIRMIN DIDOT FRÈRES,

RUE JACOB, 56.

RÉGIME

HYPOTHÉCAIRE.

—

MODIFICATIONS.

PARIS. — TYPOGRAPHIE DE FIRMIN DIDOT FRÈRES, RUE JACOB, 56.

RÉGIME
HYPOTHÉCAIRE.

MODIFICATIONS
A APPORTER AU POINT DE VUE

1° Des hypothèques légales et des hypothèques judiciaires;
2° De la transcription obligée de toutes les transmissions;
3° De l'organisation et constitution des bureaux des hypothèques, et de la CRÉATION D'UN BUREAU CENTRAL de conservation des hypothèques au DOMICILE D'ORIGINE du propriétaire foncier.

PRÉCÉDÉES D'OBSERVATIONS

SUR LE CRÉDIT FONCIER ET L'AGRICULTURE,

ACCOMPAGNÉES DE NOTES STATISTIQUES;

PAR P. DUPRAY,

ANCIEN AVOUÉ, ET ANCIEN SYNDIC DE LA CHAMBRE DES AVOUÉS A ROUEN.

L'esprit d'amélioration vient de la certitude de l'avenir,
(Introd. aux documents relatifs au régime hypothécaire.)

PARIS,
TYPOGRAPHIE DE FIRMIN DIDOT FRÈRES,
RUE JACOB, 56.

1850.

AVERTISSEMENT.

La diversité des opinions sur certaines parties du régime hypothécaire m'a donné l'idée de soumettre, aux membres de l'Assemblée législative, des observations que j'ai puisées dans une assez longue pratique des affaires. Ces observations n'étaient donc pas destinées à être rendues publiques par l'impression.

Mais les ayant communiquées à quelques personnes que leurs connaissances sur la matière me faisaient un devoir de consulter, celles-ci m'ont engagé et déterminé à les livrer au public, tant à cause des notes statistiques qui les accompagnent, que pour appeler son attention et ses critiques sur le projet de *création d'un bureau central* de conservation des hypothèques au *domicile d'origine de chaque propriétaire foncier.*

RÉGIME

HYPOTHÉCAIRE.

CHAPITRE PREMIER.

Observations générales.

L'expérience que l'on a faite depuis près d'un demi-siècle de la législation hypothécaire, l'interprétation qui lui a été donnée par la jurisprudence, les travaux des cours d'appel et des facultés de droit, les ouvrages et les critiques de tant d'hommes éminents, ne peuvent laisser de doute sur la nécessité de modifier et de remanier certaines parties de cette législation, notamment en ce qui touche les hypothèques légales et le mode de les purger.

Toutefois, il faut se garder de croire qu'il soit besoin de refondre entièrement le régime hypothécaire. Il a de si nombreuses corrélations avec une foule d'articles du Code civil, dont il dépend, et des ramifications si étendues avec les autres branches de notre législation générale, qu'il serait imprudent et même dangereux de faire d'autres changements que ceux que l'expérience indique. Aussi, dans toute la discussion qui se prépare, il sera nécessaire de ne pas perdre de vue cette judicieuse observation du premier consul, qui domina toute la discussion sur le régime hypothécaire de toute la perspicacité de son génie :

« Le titre hypothécaire, a-t-il dit, n'est point un code particu-
« lier, mais une partie du Code civil; » car sans cette préoccupa-

tion constante des autres dispositions du Code civil, il serait à craindre que les modifications qu'on pourrait apporter au régime hypothécaire ne s'harmonisassent plus avec l'ensemble d'une œuvre que tout le monde admire encore aujourd'hui, malgré les imperfections qui s'y sont révélées.

Nous croyons, quant à nous, que les meilleures lois sont celles qui respectent les traditions, tout en réalisant les modifications réclamées par le temps; que rien n'est plus suspect que les improvisations formulées en *décrets à priori*, et qu'il faut se tenir soigneusement en garde contre ces nouveautés radicales, importées de l'étranger, ou écloses sous l'influence d'idées révolutionnaires.

On dit, il est vrai, pour tâcher de justifier cette opinion d'une reforme complète du régime hypothécaire, que, par suite des événements politiques de février 1848, la constitution du pays a été profondément modifiée, et qu'on ne comprendrait pas un système de liberté qui ne s'étendrait pas à la libre disposition de la propriété. Oui, sans doute, la constitution du pays a été profondément modifiée; mais tout en changeant le droit public de la France, on a, grâce à Dieu, scrupuleusement respecté le droit civil, et il n'y a aucune contradiction entre la constitution de 1848 et nos codes. Que signifient donc ces réclamations pressantes en faveur de la libre disposition des biens? À l'égard des immeubles non grevés d'hypothèques ni de privilèges, liberté complète d'en disposer, sécurité complète pour les acquérir; à l'égard des immeubles grevés, même faculté, même garantie, pourvu qu'on remplisse certaines formalités. Serait-ce donc que, ces formalités paraissant trop gênantes, on voudrait, dans tous les cas, les supprimer et en dispenser? Un pareil système, s'il prévalait jamais, produirait des résultats directement contraires à ceux qu'on en espère ; car il ruinerait infailliblement le crédit foncier, en n'offrant aux créanciers qu'un gage illusoire que leur débiteur serait toujours maître d'anéantir à volonté en l'aliénant.

Nous savons que, pour battre en brèche notre régime hypothécaire actuel, on a prétendu qu'il a toujours été un grand obstacle au développement du crédit foncier, qu'il a empêché les progrès de l'agriculture, et que si la liberté complète de la propriété immobilière était admise en principe par la loi, le crédit, le commerce, l'industrie et l'agriculture en ressentiraient les plus heureux effets; mais c'est là une erreur démontrée par les faits et les sta tistiques; car, sauf, on le répète, les restrictions qu'il est plus particulièrement nécessaire d'apporter dans les conséquences des hypothèques légales, il est peu de pays où l'on puisse plus facilement disposer de sa propriété.

CHAPITRE II.

Reproches adressés au régime hypothécaire, relativement au crédit foncier et à l'agriculture.

PREMIÈRE SECTION.

Crédit foncier.

Si le crédit foncier était aussi intéressé dans la question qu'on voudrait le faire croire, assurément la statistique officielle de juillet 1840 ne constaterait pas une dette hypothécaire de 12 milliards 541 millions 98 mille 600 francs, compris un milliard 250 mille francs de créances éventuelles, et en créances *liquides inscrites*, plus de 11 milliards 300 millions. D'un autre côté, les prêts qui ont été effectués depuis cette époque, sauf depuis février 1848, n'auraient pas augmenté en moyenne chaque année de 109 millions; en sorte que la dette hypothécaire ne serait pas aujourd'hui, en *créances liquides*, de près de 13 milliards. Enfin, les transmissions d'immeubles, qui s'étaient élevées pour 1831 à 1 milliard 94 millions, n'auraient pas atteint pour l'année 1842 un chiffre de plus de 1 milliard 400 millions (1).

Ce sont là des faits incontestables, constatés par des contrats et les registres des bureaux des hypothèques; or, il suffit de comparer ce chiffre énorme de près de 13 *milliards de dettes liquides* avec la valeur intrinsèque de tous les immeubles de la France,

(1) Voir le document officiel du ministre des finances. (*Documents relatifs au régime hypothécaire*, vol. III, p. 509.)

que généralement on évaluait, avant 1848, à 50 milliards, et produisant, d'après les documents officiels, un revenu foncier de 1 milliard 600 millions, mais que maintenant, à raison de la dépréciation que les propriétés ont éprouvée, on ne peut porter à plus de 40 à 45 milliards, pour voir que si l'on déduit de cette fortune territoriale :

1° La valeur des immeubles appartenant à l'État, et qui, d'après le résumé qui a été arrêté au 1er janvier 1847, s'élevait à 1 milliard 293 millions 173 mille 804 fr. 86 c. (1);

2° La valeur également des propriétés appartenant aux départements ;

3° Aux communes, qu'on peut évaluer à plus de 2 milliards (2);

4° Aux établissements publics, aux chemins de fer, etc., qui ne sont grevés d'aucune inscription ;

5° La valeur des immeubles possédés par les particuliers, et le nombre en est grand, sur lesquels il n'y a pas un centime de charge ;

6° La valeur aussi des propriétés appartenant aux femmes ma-

---

(1) Résumé présentant la situation générale des propriétés de l'État au 1er janvier 1847 :

1° Chambre des pairs.............................	6,338,578 fr.	»
2° Chambre des députés..........................	13,450,000	»
3° Ministère de la justice et des cultes.............	12,421,930	83
4° Affaires étrangères............................	2,951,492	»
5° Instruction publique...........................	29,303,563	»
6° Intérieur.....................................	47,517,942	»
7° Agriculture et commerce	22,293,230	48
8° Travaux publics...............................	10,757,408	97
9° Guerre.......................................	211,677,381	62
10° Marine et colonies............................	124,205,587	82
11° Finances	42,808,468	30
	553,727,583	02

Propriétés sous la main du domaine   8,047,717 fr. 73 }   739,446,221   84
Forêts de l'État................   731,398,504   11 }

TOTAL........ 1,293,173,804   86

(2) Les revenus immobiliers des communes s'élevaient, en 1833, à 25 millions 838,817 fr., malgré le mauvais parti qu'on en tire. (Wolowski, *Statistique de la France*)

Les communes possédaient une étendue de 4,200,000 hectares et une grande quantité de constructions.

riées sous le régime dotal (1), aux mineurs et aux interdits, inaliénables de leur nature, et qu'on ne peut hypothéquer qu'après autorisation de justice, mais le plus souvent que pour des sommes assez minimes ;

7° Des biens des hospices, établissements de bienfaisance et autres (2), qu'on ne peut hypothéquer que dans des circonstances assez rares et en vertu de l'autorisation de l'administration supérieure, ou qui ne sont grevés que des hypothèques consenties par les donateurs ;

8° Et enfin, la valeur des propriétés possédées par la banque de France et ses succursales: les diverses compagnies d'assurances, soit sur la vie, soit contre l'incendie et autres, servant de garantie à leurs opérations ; par des établissements privés, couvents, communautés, corporations, etc., qui, à quelques exceptions près, ne sont grevés d'aucune inscription. — Toutes ces déductions opérées,

Il restera à peine des immeubles pour une valeur d'un quart ou un tiers en plus de la dette hypothécaire, c'est-à-dire pour 16 *ou* 17 *milliards*.

Qu'on ne dise donc pas, lorsque, pour toutes les éventualités, il y a une aussi faible marge entre la dette et la garantie, lorsque les immeubles étaient à des prix très-élevés, que les propriétaires fonciers ont trouvé un crédit de 13 *milliards*, que tous les jours beaucoup de créanciers perdent leur argent parce que les prix des immeubles affectés à leurs créances sont insuffisants pour les payer, que dans l'espace de dix-neuf ans, de 1826 à 1845, on a construit 1 million 35 mille 134 maisons et usines (3) ; qu'enfin

---

(1) On présume que les deux tiers des femmes se marient en communauté, et l'autre tiers sous le régime dotal.

(2) En 1847, il existait en France 1,164 administrations hospitalières et 1,338 hôpitaux dont les revenus ordinaires s'élevaient à 53 millions 632,992 fr. 77 c. (De Watteville, *Essai statistique sur les établissements de bienfaisance*, deuxième édition, 1847.)

(3) Le nombre des propriétés bâties était :

En 1826, de 6,481,176 ;
En 1835, de 6,805,402 ;
En 1842, de 7,113,968.

Ainsi, en seize années, on a construit 689,792 maisons et usines.

En 1843, le nombre était de 7,223,187 ;
En 1844,   —   de 7,269,315 ;
En 1845,   —   de 7,519,310.

les droits de mutation, qui s'étaient élevés en 1835 à 119 millions 870 mille francs, ont dépassé, en 1846, 164 millions, qu'on ne dise pas que le crédit foncier a été compromis par le régime hypothécaire.

Sans doute, il faut protéger le crédit ; sans doute, il faut encourager l'agriculture, mais il faut le faire dans la limite du possible, sans nuire aux autres ressources commerciales et sociales, et surtout se garder de mettre en pratique des théories qui, non expérimentées, jetteraient infailliblement la perturbation dans les transactions et des inquiétudes dans le pays.

Croit-on, par exemple, que la création de banques immobilières, qu'assurément l'État ne pourrait faire gérer sans danger pour ses finances, ou bien l'émission de cédules hypothécaires, mort-nées avec la loi du 9 messidor an III, qui les avait inventées, ou bien tout autre moyen de mobiliser la propriété d'une manière quelconque et de la convertir pour ainsi dire en papier-monnaie, donnerait plus d'extension au crédit foncier ? Non certainement. Ce serait se faire une bien étrange idée des capitalistes, des petits rentiers et de tous les prêteurs en général, que de penser qu'ils ouvriraient plus facilement leur portefeuille ou leur bourse, à celui qui aurait converti ses immeubles en papier et qui par cela même offrirait moins de sécurité, qu'au propriétaire qui, pour garantie du prêt qui lui serait fait, donnerait une bonne hypothèque sur des biens dont le prêteur peut apprécier la valeur et connaître, par le bureau des hypothèques, les charges qui les grèvent.

Qu'on ne s'y trompe pas, le prêteur est non-seulement défiant, mais la jurisprudence sur la responsabilité des notaires en matière de prêt a mis en garde ceux-ci contre toutes les éventualités ; en sorte qu'aujourd'hui (même bien avant la révolution de 1848), les prêteurs et les notaires ne donnent plus d'argent sur hypothèque, au delà de la moitié de la valeur réelle des biens situés en ville et surtout dans la capitale, et des trois quarts au plus sur des immeubles ruraux agricoles. Quant aux propriétés indus-

---

Dans ces trois années, il y a donc eu une augmentation de 296,123 constructions, près de 100,000 en moyenne chaque année.

Ce qui fait, en dix-neuf ans, 1,035,134 maisons et usines. (H. Passy et *Documents officiels.*)

trielles, qu'elles soient urbaines ou rurales , on ne prête pas du tout, si elles ne sont pas assurées contre l'incendie et si le prêteur n'est pas subrogé à l'emprunteur dans l'indemnité due en cas de sinistre; encore le prêt n'excède-t-il pas le tiers ou la moitié au plus de la valeur de l'établissement.

Certainement, on pourrait rendre une loi qui permît de mobiliser la propriété, mais elle n'aurait pas la puissance de forcer le capitaliste à prêter son argent malgré lui.

En supposant que la création de banques immobilières, que l'émission de cédules hypothécaires ou de tout autre moyen de mobiliser la propriété , soit favorable à un plus grand développement du crédit foncier, ce qui assurément est, d'après les antécédents connus , au moins très-douteux , il est évident pour tous, et notamment pour ceux qui ont quelque pratique des affaires, que l'une ou l'autre de ces créations aurait pour effet inévitable de jeter la confusion dans toutes les transactions ; qu'on ne pourrait plus reconnaître à l'avenir le caractère soit civil, soit commercial des opérations; et que ce serait, si ce n'est annuler complétement, du moins amoindrir singulièrement une ressource essentielle au crédit en général et en particulier au commerce , qui vit de confiance et de crédit, celle des billets à ordre ordinaires ; car, de l'aveu de tout *homme* désintéressé et de bonne foi, il est certain qu'il n'est personne qui ne préférerait des billets transmissibles par endossement, auxquels seraient attachés des garanties immobilières, aux simples effets à ordre. Dès lors ces simples effets à ordre disparaîtraient de la circulation dans un temps très-prochain, et seraient remplacés par des *billets* dits *immobiliers.*

Comment pourraient faire alors ceux qui ne posséderaient aucun immeuble? Ils ne pourraient donc , pour leurs affaires ou pour leur commerce, émettre aucun billet à ordre de leur fait, sans éprouver des refus plus ou moins humiliants? Ils ne pourraient nécessairement travailler qu'au comptant; mais s'ils n'avaient pas de fonds en quantité suffisante, ils seraient donc obligés de rester dans l'inaction, ou, s'ils sont négociants ou commerçants, de fermer leurs magasins ou leurs boutiques?

Ainsi, la loi qui créerait des banques immobilières, ou autoriserait l'émission de cédules hypothécaires, ou mobiliserait la propriété d'une manière quelconque, aurait pour effet infaillible de

ruiner ceux qui auraient le plus besoin de crédit et avec eux la
confiance, qui est le véhicule le plus actif et le plus puissant du
commerce, et cela pour tirer d'embarras des individus qui, pour
la plupart, ont su mal gérer leurs affaires ou dont la fortune territoriale est absorbée par les hypothèques qui frappent sur leurs
immeubles.

En vérité, ceux qui demandent l'émission de cédules hypothécaires n'y ont pas réfléchi et ne connaissent pas probablement toutes
les ressources de notre législation ; car pour émettre des cédules
hypothécaires, il est inutile de changer la loi actuelle. N'avons-
nous pas, en effet, l'acte d'ouverture de crédit avec affectation
hypothécaire, acte dont on peut faire usage avec d'autant plus de
facilité, que la durée, quant au crédit, peut être limitée à volonté,
et qu'il n'entraîne qu'un droit fixe d'enregistrement de 1 franc,
lorsque les obligations réelles ordinaires sont, elles, assujetties à un
droit proportionnel de 1 pour cent?

Personne ne contestera, sans doute, qu'il n'y ait une très-grande
affinité, entre les valeurs dérivant d'un crédit ouvert avec affectation hypothécaire et les cédules hypothécaires, telles que les créait
la loi du 9 messidor an III ; car les valeurs fournies par le crédité
au créditeur, qui peut les transmettre par la voie de l'endossement,
ont pour garantie de remboursement les immeubles hypothéqués
par l'acte d'ouverture de crédit, comme les cédules hypothécaires
avaient pour gage de payement les biens que le souscripteur de
ces cédules hypothécaires grevait contradictoirement, avec le conservateur des hypothèques, jusqu'à concurrence des trois quarts
seulement de la valeur de ces mêmes biens.

Cependant, malgré les facilités et les avantages positifs qui
résultent, pour l'emprunteur, des actes d'ouverture de crédit et
que la loi du 9 messidor ne présentait pas, on ne fait usage de ces
actes qu'avec beaucoup de réserve, et ils sont en effet en infime
minorité eu égard au nombre des obligations notariées ordinaires.
C'est, en un mot, une exception, et cela se comprend, parce que, le
plus ordinairement, on n'y a recours que dans les grandes crises
commerciales ou bien lorsque celui qui souscrit cet acte de crédit
a vu sa signature marchandée, refusée même, et s'évanouir la
confiance qu'on avait en sa personne et dans ses affaires.

Assurément, il ne faut pas vouloir tenir compte du passé pour
demander une seconde édition de la loi de messidor an III ; car

cette loi, édictée par la Convention, n'eut même pas, malgré les longs et laborieux travaux qui ont présidé à sa confection, une existence éphémère. Elle était à peine promulguée, que, dans l'intervalle du jour de sa promulgation à celui où elle devait être mise à exécution, la Convention fut accablée de si nombreuses réclamations, qu'elle même, par *cinq décrets* successifs, en recula l'exécution de telle sorte, que la loi du 11 brumaire an VII intervint sans que celle du 9 messidor an III ait jamais eu, à vrai dire, d'existence ni légale ni de fait.

Sait-on pourquoi il en fut ainsi? C'est que la Convention avait été entraînée par engouement aux idées du jour, qui réclamaient les libertés les plus illimitées; en sorte qu'elle ne s'aperçut pas tout d'abord qu'au fond la mesure qu'elle décrétait, si elle était favorable à quelques individus, portait un grave préjudice à un bien plus grand nombre de citoyens et surtout au petit commerce. D'un autre côté, elle ne prévit point que les dispositions de formes, qu'elle avait cependant très-mûrement méditées et très-habilement combinées, présenteraient d'aussi grandes difficultés d'exécution, et enfin que cette loi soulèverait de très-graves questions de responsabilité à l'égard des conservateurs des hypothèques.

Aussi on se demande, lorsque déjà on est éclairé par l'expérience, qu'on voit d'une part que la Convention elle-même, au plus fort de la fièvre révolutionnaire, a été obligée d'anéantir son propre ouvrage, et qu'aucune plainte ne s'est élevée contre la loi du 11 brumaire an VII, parce qu'elle n'autorisait par ces cédules hypothécaires réclamées si vivement aujourd'hui; que, d'une autre part, l'acte d'ouverture de crédit, malgré les avantages qu'il présente, est à peu près négligé ou n'apparaît que dans des circonstances fâcheuses pour celui qui y a recours, quel avenir pourrait être réservé à la loi qui créerait ces cédules hypothécaires ou mobiliserait la propriété? Quant à nous, nous ne croyons pas être téméraire en répondant et prédisant qu'elle aurait le sort de la loi du 9 messidor an III.

DEUXIÈME SECTION.

Agriculture.

On fait encore un autre reproche au régime hypothécaire. Il a, dit-on, nui considérablement au développement et au progrès de l'agriculture, parce que les agriculteurs, ne pouvant se procurer de l'argent qu'à de gros intérêts et en payant des frais énormes d'actes, occasionnés par une multitude de formalités, la plupart inutiles, il a été impossible à ces agriculteurs, lorsque des charges trop considérables ont toujours pesé sur la propriété, de faire la moindre amélioration, et à plus forte raison de donner de l'extension à l'agriculture.

Sans doute, des formalités prescrites par le code hypothécaire, les unes peuvent être retranchées et les autres simplifiées ou modifiées sans danger, ce qui nécessairement diminuerait les frais; mais, en vérité, le régime hypothécaire ne saurait cependant accepter qu'en très-faible partie le reproche qu'on lui fait, et on reconnaîtra facilement qu'il serait plus justement adressé aux lois fiscales. En tous cas, il y a loin entre quelques modifications de procédure, quelques retranchements même, si l'on veut, d'actes de détail, et une réforme radicale, telle que celle de mobiliser la propriété ou de créer des cédules hypothécaires; réforme que l'on réclame sous le prétexte d'un plus grand développement à donner à l'agriculture qui n'aurait qu'à y perdre, mais en réalité pour prêter appui aux motifs que l'on fait valoir en faveur du prétendu crédit foncier.

C'est au surplus une erreur de prétendre que l'agriculture est restée pour ainsi dire stationnaire depuis 1804, époque à laquelle le régime hypothécaire a été mis en activité. Les novateurs le savent bien; mais dans la poursuite de la réalisation de leur idée de réforme, ils ne devraient pas nier le passé, qui toujours doit servir d'enseignement.

Nous conviendrons sans peine que, de 1804 à 1815, les progrès de l'agriculture ont été peu sensibles; mais à quoi l'attribuer? aux dispositions décourageantes de notre Code civil, ou bien à la dépopulation de nos campagnes qui eurent tant à souffrir du nombre et de la gloire de nos armées? à quelques formalités de procédure entraînant, si l'on veut, quelques frais inutiles, ou bien aux charges et aux impôts extraordinaires de toute sorte qui, en absorbant les économies du laboureur, l'empêchaient de tenter l'application de nouvelles méthodes?

De 1815 jusqu'à nos jours, au contraire, le progrès a été sensible, et il faudrait vraiment être aveugle pour le nier (1). S'il n'a pas

(1) Les faits et les chiffres se chargent d'établir ce progrès.

D'après la statistique officielle de 1840 (Vol. 1, p. 627), l'étendue de la France est de 52,768,612 hectares, dont 2,890,408 en routes, etc.; en sorte que la propriété imposable est de 49,878,204 hectares. M. Moreau de Jonnès, dans un travail plus récent, édition de 1848, p. 377, évalue cette étendue à 53,149,534 hectares : 50,614,973 hectares imposables et 2,534,551 hectares non imposés.

En 1813, il n'y avait que 5,100,000 hectares ensemencés en froment. En 1840 (dernière statistique officielle), il y en avait 5,586,787.

Production du froment.

Années.	Production.	Par habitant.	Autorités.
1784......	40,000,000 hectolitres.	167 litres.	Grivel.
1813......	51,200,000 id.	171 id.	Chaptal.
1840......	70,000,000 id.	208 id.	Statistique officielle.

Jachères.

Années.	Nombres.		Autorités.
1700.........	11,667,000	hectares.	Vauban.
1764.........	8,411,000	id.	Beausobre.
1784.........	9,000,000	id.	Grivel.
1788.........	9,450,000	id.	Young.
1791.........	9,925,000	id.	Devaucelle.
1818.........	9,853,000	id.	Chaptal.
1840.........	6,673,000	id.	Statistique.

Pâtis.

Années.	Nombre.	
1700.........	12,039,000	hectares.
1760.........	12,800,000	id.
1788.........	10,462,000	id.
1813.........	11,018,000	id.
1840.........	9,191,076	id.

Valeur de production à différentes époques.

Époques.	Étendues.	Rapport à l'hect.		Valeur totale.
1700....	48,082,200 hect....	31 fr. 25....		1,500,000,000 fr.
1760....	48,629,400 id.....	31	40...	1,526,750,000
1788....	50,000,000 id.....	40	».....	2,032,333,000
1813....	49,866,000 id.....	71	25...	3,356,971,000
1840....	50,640,972 id.....	120	».....	6,022,169,450

été plus large et plus profond, tous les hommes spéciaux diront qu'il en faut rechercher la cause en dehors de notre régime hypothécaire et l'attribuer bien plutôt, soit à la trop courte durée des baux, soit à l'insouciance de beaucoup de laboureurs pour tout ce qui tient à la science des engrais, quoique néanmoins la production ait augmenté notablement ; soit même aux lois fiscales,

Accroissement du revenu annuel.

Périodes.	Durée.	Accroissement total.	Accroiss. moyen annuel.
De 1700 à 1760	(60 ans)	26,750,000 fr. par an........	445,000 fr.
De 1760 à 1788	(28 ans)	504,583,000 id............	18,000,000
De 1788 à 1813	(25 ans)	1,325,638,000 id............	53,000,000
De 1813 à 1840	(27 ans)	2,605,198,000 id............	100,000,000
De 1700 à 1840	(140 ans)	4,522,169,000 id............	32,000,000

(*Statistique officielle*, MM. Royer et Moreau de Jonnès.)

De ces différents tableaux il résulte :

Qu'en 1840, il y avait près de 500,000 hectares de terres ensemencées en froment de plus qu'en 1813, un dixième ;

Que les récoltes de froment ont gagné deux cinquièmes ;

Que les jachères ont diminué d'un tiers ;

Que les pâtis ont diminué d'un cinquième ;

Et que l'agriculture a produit en accroissement moyen, chaque année :

100,000,000 fr.

Quant aux BESTIAUX, on trouve la même progression :

Époques.	Bœufs, vaches, Taureaux.	Moutons.	Porcs.	Chevaux.	Total.
1789.......	7,089,000	20,000,000	4,000,000	2,048,000	33,137,000
1812.......	7,726,838	27,338,494	4,655,700	2,285,310	42,006,342
1829.......	9,130,632	28,930,181	4,968,597	2,453,712	41,683,122
1840.......	9,936,538	32,151,430	4,910,721	2,818,496	49,817,185

En comprenant les mules, mulets, chèvres et ânes, la totalité des bêtes est de 51,568,848.

Ainsi, en cinquante ans, de 1789 à 1840, les animaux domestiques se sont augmentés de 16,680,185 ou 33 pour 100.

En vingt-huit ans, de 1812 à 1840, l'accroissement a été de 7,811,000 bêtes d'espèces différentes, ou 15 à 16 pour 100.

En onze ans, de 1829 à 1840, il s'est élevé à 5,134,000 animaux, ou environ 11 p. 100. (*Statistique officielle* et M. Moreau de Jonnès.)

et encore aux spéculations effrénées sur les terrains et les grands domaines (1).

Maintenant que l'on sait que le régime hypothécaire n'a pas exercé sur l'agriculture cette influence fâcheuse qu'à tort on lui reproche, il est clair qu'elle sert de prétexte, et que c'est moins dans son intérêt proprement dit que dans celui des particuliers dont la fortune est en majeure partie absorbée, qu'on réclame la création des banques immobilières.

Nous comprendrions la formation, non pas de banques hypothécaires, car ce serait là le véritable nom qu'il faudrait leur donner, mais de banques agricoles, dont le but serait de provoquer des défrichements de landes et terres incultes; d'inciter, pousser à de meilleurs aménagements de culture, afin que le sol de la France pût se couvrir chaque année de 10 et 20 mille hectares de terre de plus en plantes alimentaires et fourragères; pour améliorer aussi la race des bestiaux et en augmenter le nombre, de manière qu'à ceux qui prendraient l'obligation, dans un temps donné, de défricher telle quantité de terrain inculte, non-seulement on les exonérerait, pendant un temps qu'on fixerait, de toutes contributions foncières sur les terres défrichées; mais encore l'État, ainsi qu'il l'a fait dans maintes occasions où l'intérêt général le demandait, comme pour les défrichements en Algérie, pour les chemins de fer, etc., leur prêterait de l'argent à un faible intérêt,

(1) Qui ne sait que, à Paris notamment, la manie de la spéculation sur les terrains est presque toujours à l'état de fièvre; qu'une foule d'individus achètent des terrains, pour des prix excessifs, sur lesquels ils ne versent qu'un faible à-compte; qu'il y en a même qui ont à peine des fonds en quantité suffisante pour payer les frais du contrat, et que cependant les uns et les autres, comptant sur un crédit qui leur manque tout à coup, élèvent des constructions qu'assez souvent ils ne peuvent achever; en sorte qu'ils sont obligés de vendre à perte, ou bien ils sont expropriés par leurs créanciers ou dépossédés par les vendeurs des terrains.

Il est aussi un autre genre de spéculation dont les conséquences sont bien plus fâcheuses au double point de vue de l'intérêt du trésor et de l'agriculture, qui prend sa source dans ces compagnies noires dont quelques-unes viennent, de temps à autre, rendre compte de leurs turpitudes en police correctionnelle; et dont le but, par des moyens plus ou moins licites, est d'acheter, à très-bon marché, un ou plusieurs grands domaines, afin de les revendre fort cher en détail, en exploitant très-habilement la vanité ou les convenances des gens de la campagne.

qu'il verserait par annuités ou au fur et à mesure des travaux, sous la condition de tenir les terres défrichées, autant que possible, en bon état de culture. Il en serait de même pour ceux qui, par suite de bons amendements, dessoleraient leurs terres de manière à ce qu'il ne reste de jachère que la quantité suffisante pour parquer leurs bestiaux. Enfin, l'État viendrait aussi en aide aux éleveurs, et encouragerait l'amélioration des pâturages pour augmenter la production.

C'est ainsi que nous comprendrions la création de banques si on avait réellement en vue le progrès de l'agriculture, parce que d'abord les chances de pertes pour l'État seraient bien moins considérables que celles que certainement il ferait s'il secourait des intérêts privés. Ensuite, parce que le sacrifice que l'État ferait par la différence d'intérêt de l'argent qu'il prêterait, serait en partie compensé par une diminution, dans un temps donné, sur le prix des céréales et des fourrages pour l'armée; par une plus grande somme de bien-être pour les pauvres, et enfin, par l'augmentation de l'assiette des contributions foncières; en effet, sur 49,878,203 hectares de terres imposées, il y en aurait une certaine quantité qui, à raison des améliorations qui seraient données avec le secours du gouvernement, passeraient, pour la perception de l'impôt, à des classes supérieures.

Mais vouloir que l'État soit aujourd'hui banquier, demain on demandera qu'il se fasse industriel et commerçant, après-demain assureur; dans quel but? Est-ce dans celui de l'intérêt général, pour lequel seulement il doit disposer de ses ressources? Non, ce serait pour être utile à des individus plus ou moins ruinés. Vouloir aussi qu'il engage ses finances dans une dette de près de 13 *milliards*; qu'il dispose, comme on le propose, des fonds appartenant aux caisses d'épargne (1), dont le montant est à peu près du cinquantième de la dette hypothécaire, et qu'il est tenu de rendre huit jours après les déclarations des déposants; qu'il paye des intérêts à 4 p. 100, lorsqu'il prêterait à 3, même à 2 1/2 p. 100, produit des biens ruraux; que, comme garant, il soit obligé de rembourser des sommes considérables, parce qu'il plat-

(1) Au 31 décembre 1846, le total des sommes déposées aux caisses d'épargne de France ne s'élevait qu'à 291,344,344 fr. 21 cent. (*Rapport du ministre des finances au président de la République*, p. 8 de 1849.)

rait aux véritables débiteurs de ne pas acquitter leurs dettes; qu'il se jette dans des difficultés sans fin, dans des procès inextricables et dans une multitude d'expropriations; qu'il crée des légions d'employés, estimateurs, contrôleurs, vérificateurs d'immeubles, teneurs de livres, expéditionnaires, etc., dont les émoluments viendraient, bien entendu, grossir le passif du budget de l'État, parce que la banque hypothécaire ne prenant aucun droit de commission, ne prêtant qu'à un très-faible intérêt, et ne faisant que des pertes, ne pourrait les rétribuer; qu'il fasse, en outre, une perte de 6 à 7 millions sur les recettes de l'enregistrement, parce qu'il n'y aurait plus d'obligations notariées, etc., etc., c'est demander évidemment la perturbation dans les finances, c'est vouloir jeter le trouble dans les services publics, et nuire même aux intérêts pour lesquels, en apparence du moins, on réclame assistance.

Nous terminerons, au surplus, sur ce point, par une dernière considération assurément très-concluante : c'est que l'expérience démontre que toutes les banques hypothécaires qui ont été créées n'ont servi qu'à amoindrir la fortune des actionnaires et qu'à ruiner davantage tous ceux qui y ont eu recours.

Exemples : Il a existé à Paris, il y a environ cinquante ans, une Banque dite Territoriale, qui, protégée par le gouvernement, s'était constituée sur une très-grande échelle et avec des capitaux considérables. A peine constituée, cette banque fut assaillie de nombreuses demandes, par suite desquelles elle fit des affaires colossales; mais les fonds venant à manquer, elle ne put se maintenir, et elle fit des pertes si considérables que presque tous les actionnaires furent ruinés (1).

Il y avait encore une Banque dite des Entrepreneurs, créée aussi sur une très-grande échelle, et qui faisait des opérations tellement considérables, que plusieurs de ses clients avaient des comptes de crédit ouverts sur affectation hypothécaire de 4, 5 et même de 600,000 fr.; cependant, malgré des crédits aussi élevés, la plu-

(1) La Banque Territoriale poursuivit une si grande quantité de débiteurs et de ventes d'immeubles à Paris, que l'huissier de la Banque était tous les jours accompagné d'un quadrupède, sur le dos duquel il mettait toutes les significations qu'il avait à délivrer. Ce fait nous a été attesté par une personne digne de foi, très-proche parente de l'avoué qui était chargé de diriger les poursuites; elle possède une si grande quantité de dossiers de procédure concernant cette banque, que leur poids s'élève à plusieurs milliers.

part des entrepreneurs, et notamment ceux qui recevaient plus particulièrement des secours de cette banque, ont fait faillite, et elle-même a été obligée de se mettre en liquidation.

Enfin, il existe, depuis longues années, une Caisse Hypothécaire qui prête sur immeubles ruraux et urbains dans toute la France, et qui s'est constituée par actions de 500 fr. Cette caisse, assurément, prête à des intérêts plus élevés que ne le ferait l'État. Elle prélève aussi des commissions. Eh bien! sait-on ce que valent aujourd'hui ces actions de 500 fr.? 135 à 140 fr. à la Bourse, c'est-à-dire qu'elles sont cotées à plus de 60 p. 100 de perte.

Voilà les résultats des banques hypothécaires ou immobilières, comme on voudra les appeler; assurément ils ne sont pas encourageants.

En définitive, la Chambre législative et le gouvernement connaissent trop bien les inconvénients que nous venons de signaler pour que l'on ait à craindre un seul instant que, cédant trop facilement, comme la Convention en 1795, à un engouement de liberté illimitée de la propriété, ils consentent jamais, soit à mobiliser cette propriété, soit à créer des banques hypothécaires; mais, dans leur sagesse, ils feront au régime hypothécaire des modifications et même des changements, réclamés par l'expérience et les études qui ont été faites sur la matière. Pour notre part, nous croyons faire acte de bon citoyen en indiquant quelques-unes des modifications que, suivant nous, le régime hypothécaire doit subir.

CHAPITRE III.

PREMIÈRE SECTION.

Des hypothèques en général.

La loyauté, qui doit toujours présider à toutes les transactions, est grandement intéressée à ce que les effets des privilèges et des hypothèques légales pouvant grever clandestinement les immeubles ne soient plus un sujet d'inquiétude pour des tiers, ou qu'au moins les conséquences en soient restreintes dans les plus étroites limites, sans toutefois nuire aux droits des privilégiés ni à la juste protection que méritent ceux que la loi a déclarés incapables.

Ce n'est pas, au reste, la première fois que la clandestinité des charges sur les immeubles trouve de graves et nombreux adversaires; car Colbert disait (1) : « Il faudrait établir des greffes pour « enregistrer les contrats et les obligations; ce serait le moyen « d'empêcher que personne ne fût trompé, et l'on y verrait, quand « on voudrait s'en donner la peine, les dettes de chaque particu- « lier, tellement qu'on saurait à point nommé s'il y aurait sûreté « à lui prêter l'argent qu'il demanderait... Il faut rétablir la bonne « foi qui est perdue et assurer la fortune de ceux qui prêtent leur « argent; du moment qu'on aura du bien, on saura ce qu'on aura « à faire, et il n'y aura que ceux qui n'en auront pas qui ne pour- « ront plus attraper personne. »

Cette pensée de Colbert, *que personne ne soit attrapé*, à cause des charges occultes grevant les immeubles, devra nécessairement servir de règle dans les travaux de modification à faire au régime hypothécaire. Toutefois, en ce qui concerne les hypothèques lé- gales (car nous n'entendons pas nous occuper des privilèges, qui demanderaient une trop longue discussion), cette pensée ne semble pas exiger, comme on le demande, une réforme absolue du principe même de l'hypothèque légale. Entre deux mesures également ex- trêmes, comme la publicité et la clandestinité de l'hypothèque, il y a assurément place pour des dispositions conservatrices des droits de chacun; or, il est possible de restreindre le nombre et les effets des hypothèques légales, de manière à ce que les conséquences de celles qui seraient conservées ne soient à redouter de qui que ce soit; ce serait donc sans but et sans aucune utilité qu'on met- trait en question un principe qui compte beaucoup de partisans par cela même qu'il protége le faible et les incapables.

Avant de parler des moyens à l'aide desquels on peut parvenir

---

(1) *Testament politique de Colbert*, chap. XII, p. 351, édition de 1693.

On a révoqué en doute l'authenticité de ce testament ; mais M. Grenier, dans son rapport au Tribunat, fait très-judicieusement observer que l'auteur, qui serait tout autre que Colbert, était au moins contemporain de ce ministre.

au but qui vient d'être signalé, il est nécessaire de chercher un enseignement dans le passé, et par conséquent de jeter un coup d'œil historique rapide sur les diverses vicissitudes qu'ont subies les hypothèques en France. Cette revue rétrospective nous indiquera dans quel esprit doit être faite la réforme hypothécaire.

DEUXIÈME SECTION.

Historique de la législation hypothécaire en France.

Sous l'ancienne législation française, le rang de l'hypothèque n'était pas déterminé, comme de nos jours, par son inscription sur des registres spéciaux et publics, ouverts dans chaque arrondissement territorial, mais par la date de l'acte authentique qui la conférait; en sorte que l'antériorité de l'acte réglait seule la préférence entre les créanciers.

L'hypothèque n'était d'ailleurs assujettie à aucun mode de publicité, et comme elle résultait virtuellement des contrats authentiques reçus par tous les officiers publics compétents de France, il était impossible, à cause du grand nombre de dépôts où pouvaient se trouver les minutes des actes, de connaître la véritable position hypothécaire d'un individu.

Il y avait assurément une énorme différence entre cet état de choses emprunté à la décadence romaine et celle qui existait à Athènes; car, en Grèce, l'hypothèque était tellement publique, que chaque créance hypothécaire devait être inscrite sur le fonds grevé (1).

Ce ne fut que vers la fin du seizième siècle qu'Henri III, par son édit du mois de juin 1581, à cause, dit le préambule de cet édit, «des abus et des fraudes qui se pratiquaient,» institua le contrôle des actes et leur enregistrement dans les deux mois de leur

(1) Dans les premiers temps, à Rome, l'hypothèque était également publique. Ce ne fut que sous les empereurs, et notamment sous l'empereur Léon, que la loi tomba tellement en désuétude, que l'hypothèque devint occulte.

Dalloz, vol. IX, p. 23.

Grenier, Rapport fait au Tribunat, au nom de la section de législation, sur le titre XVIII, livre III du Code civil.

* Édition de la Bibliothèque nationale, vol. I, p. 762.

date; mais cet édit, qui d'ailleurs fut révoqué en 1588, gardait le silence le plus absolu sur la publicité de l'hypothèque et sur les droits des femmes et des mineurs.

Il était réservé à Colbert (1) de prendre l'initiative et d'entrer dans la voie de la publicité de l'hypothèque; car, malgré l'opposition qu'il rencontra de la part d'hommes puissants, il fit rendre par Louis XIV l'édit de 1673, par lequel les créanciers pouvaient faire des oppositions qui, enregistrées dans les quatre mois du jour de l'acte, étaient une cause de préférence à tous autres créanciers non opposants, dont les créances pouvaient être antérieures et même privilégiées. En outre, chaque particulier pouvait requérir des extraits des enregistrements ou des certificats négatifs, et les greffiers étaient tenus de les délivrer sous peine de destitution et de 4,000 livres d'amende.

Cette fois, les droits des femmes et des mineurs ne furent pas négligés. L'édit créait une exception en leur faveur. Ils *étaient dispensés* d'enregistrement; cependant le mineur était tenu de faire enregistrer son opposition dans l'année de sa majorité, et la femme y était également obligée dans les deux cas suivants : celui où elle se faisait séparer de biens, dans les quatre mois du jour du jugement qui prononçait la séparation, et celui où elle devenait veuve, dans l'année du jour du décès de son mari.

Mais cet édit de 1673 eut une bien plus courte existence que celui de 1581; car il fut révoqué environ une année après, au mois d'avril 1674.

La cause apparente de la révocation serait, est-il dit dans le préambule, *les difficultés de premier établissement qui ne pouvaient être surmontées dans un temps où le roi était obligé de donner son application principale aux affaires de la guerre;* mais si l'on s'en rapporte au Testament politique de Colbert, les difficultés d'exécution ne seraient pas venues de l'édit en lui-même, mais du parlement et des *grands* qui approchaient du trône (2).

---

(1) On doit à Colbert l'ordonnance d'avril 1667, sur la procédure civile; du 13 août 1669, sur les eaux et forêts; et celle de 1773, appelée le *Code marchand.*

(2) Que le *Testament politique de Colbert* soit ou non de lui, ce qui est certain, c'est qu'à une époque contemporaine, il y avait lutte entre le parlement et lui; car, en 1672, Colbert disait au président Lamoignon, d'après les avis duquel et malgré Colbert on venait de se décider à un emprunt : « Vous triomphez,

Cette fois encore la clandestinité de l'hypothèque fut maintenue. On chercha, en 1704, à introduire de nouveau dans la législation un système de publicité de l'hypothèque, mais ce fut en vain. Un homme dont on ne peut prononcer le nom qu'avec respect, *d'A-guesseau*, alors procureur général au parlement de Paris, fut chargé de faire un rapport sur le nouveau projet d'édit, dont la plus grande partie des éléments avait été puisée dans l'édit révoqué de 1673 ; son autorité et les motifs qu'il fit valoir, plutôt politiques qu'applicables au projet même, le firent rejeter ; en sorte que la clandestinité de l'hypothèque subsista pendant encore de longues années.

Mais enfin est intervenu, au mois de juin 1771, l'édit de Louis XV, qui créait un système de publicité assez absolu ; car, sauf *pour les douaires non ouverts des femmes et des mineurs* (art. 32), ceux-ci, d'après les dispositions des articles 15 et 17, étaient tenus, sous peine de déchéance, de former des oppositions pour raison de leurs hypothèques, sauf aussi « recours contre ceux qui auraient négligé de conduire lesdites oppositions en leur nom. » Mais il est important de faire remarquer que, d'après l'esprit et le sens de l'édit même, l'inscription n'était exigée qu'à l'égard des droits *ouverts*, comme par exemple la dot et les valeurs touchées par le tuteur ou le mari et non des *douaires*, c'est-à-dire des *droits éventuels ;* en sorte que, pour raison de ces droits éventuels, l'hypothèque occulte devait continuer à subsister.

Ensuite vint la loi du 9 messidor an III dont il est parlé plus haut, qui, dans ses articles 255, 260 et suivants, prescrivit sans exception l'inscription des hypothèques des femmes et des mineurs. Mais on sait que cette loi n'a reçu aucune exécution.

Enfin, comme dernier monument législatif, avant le régime hypothécaire actuel, est intervenue la loi du 11 brumaire an VII, qui, par ses articles 4 et 37, ordonnait que les droits d'hypothè-

---

« mais croyez-vous avoir fait l'action d'un homme de bien? Croyez-vous que je
« ne susse pas, comme vous, qu'on pouvait trouver de l'argent à emprunter?
« Mais connaissez-vous l'homme auquel nous avons affaire, sa passion pour la
« représentation, pour les grandes entreprises, pour tous genres de dépenses?
« Voilà donc la carrière ouverte aux emprunts, et par conséquent à des dépenses
« et des impôts illimités! Vous en répondrez à la nation et à la postérité. »
Lebas, *Dictionnaire de l'histoire de France*, vol. V, p. 273.

ques ou de priviléges fussent inscrits dans les trois mois de sa promulgation.

Cette loi, il faut le dire, a eu des conséquences déplorables pour beaucoup de femmes et de mineurs, parce que ceux qui devaient inscrire pour eux ne l'ayant pas fait, ils ont été dépouillés et même ruinés.

C'est en présence de ces précédents législatifs et des consé-quences fâcheuses de la loi de brumaire à l'égard des femmes et des mineurs, qu'après une discussion très-approfondie, à laquelle le premier consul prit souvent part, fut adopté le régime hypo-thécaire du Code civil, où triomphe le principe loyal de la publi-cité, malgré d'assez nombreuses exceptions sur le mérite desquelles nous allons nous expliquer.

CHAPITRE IV.

PREMIÈRE SECTION.

De l'hypothèque légale de la femme sur les biens de son mari,
considérée d'une manière générale.

On ne saurait trop le répéter, le régime hypothécaire ne peut être un code à part; et c'est surtout à l'égard des droits des fem-mes qu'il est nécessaire de tenir compte de la législation encore en vigueur.

Or, le Code civil a établi, en principe, que la femme a le droit de réclamer de son mari sa dot et ses reprises matrimoniales. Ce droit, le code hypothécaire ne peut l'anéantir; il doit au contraire inter-venir pour déterminer comment elle le conservera et comment elle l'exercera, tout en sauvegardant l'intérêt des tiers.

Pour la conservation et l'exercice de ce droit, une hypothèque légale, dispensée d'inscription, est-elle absolument nécessaire? Telle est la question qu'il faut examiner intrinsèquement, sans dis-tinguer, quant à présent, entre telle femme et telle autre, et sans acception du régime sous lequel le mariage peut être contracté.

De très-bons esprits, qui se sont livrés à l'examen de cette grave question, ont fait remarquer que les femmes forment à elles seules la moitié du genre humain; que leur faiblesse naturelle et l'instruction qu'elles reçoivent leur rendait difficile, si ce n'est l'intelligence des affaires, du moins la faculté de les diriger; cependant il faut reconnaître que ces motifs ne pouvaient déterminer le législateur à faire peser sur elles une minorité perpétuelle. Aussi il a donné à la veuve et fille majeures la faculté de s'engager, de se faire marchandes publiques, de se mettre en société, d'hypothéquer leurs biens, de les aliéner et d'en acheter. Il leur a même confié, avec la tutelle, l'administration des biens de leurs enfants. Mais il n'a pas dû oublier ces graves considérations pour le cas où la femme devait perdre son indépendance en se mariant. Sans la considérer précisément comme inhabile à veiller à ses intérêts, il a dû restreindre sa capacité pour la garantir contre sa propre faiblesse et contre la domination maritale. La frappant dès lors d'une incapacité relative, il aurait craint de manquer de grandeur et d'équité si, par une hypothèque légale, dispensée d'inscription, il ne l'avait couverte d'une protection toute spéciale (art. 2117, 2121, 2122 et 2135 du Code civil).

On objecte, il est vrai, que la législation allemande n'accorde pas cet avantage à la femme. Le fait est exact, mais seulement pour une partie de l'Allemagne. Toutefois, il n'y a aucun argument à tirer de cette comparaison, parce que les mœurs, les usages et les habitudes diffèrent essentiellement de ceux qui existent en France; et d'ailleurs, on n'a pas songé que l'Allemagne est un pays féodal, où les grandes propriétés couvrent presque complétement le sol germanique, tandis qu'en France les immeubles sont extrêmement morcelés et tellement divisés que plus des *deux cinquièmes* des ventes, chaque année, sont *au-dessous de* 600 fr. et *un cinquième de* 600 à 1,200 fr. (1).

(1) En 1841, il y a eu 231,777 ventes d'immeubles :

85,939 de 600 fr. et au-dessous, dont les prix s'élèvent à			27,387,436 fr.
48,300 de 600 fr. à 1,200 fr.....	id.	à	43,034,527
Et 95,538 de 1,200 fr. et au-dessus,	id.	à	795,556,535
231,777 ventes dont les prix s'élèvent à....................			865,978,498

(*Lettre du ministère des finances*, vol. III, pag. 528 ; Documents relatifs au régime hypothécaire.)

La femme, dit-on, doit suivre la bonne ou la mauvaise fortune du mari, et c'est humilier ce dernier, lorsqu'il est devenu pauvre, que de donner à sa femme les moyens de conserver sa fortune particulière.

Il est inutile de dire à quelle école appartient ce principe, par suite duquel il n'y aurait plus besoin de dresser des contrats de mariage, car toutes les femmes seraient obligées de se marier sous le régime de communauté universelle défini par l'article 1526, et d'après lequel, non-seulement le mobilier présent et futur, mais même les immeubles présents et futurs, à quelque titre qu'ils adviennent, sont communs entre époux.

Le moindre tort de cette doctrine est de vouloir, à l'occasion de la réforme hypothécaire, déchirer tout un chapitre du Code civil, celui relatif au régime dotal, que le législateur y a exprès introduit, en opposition au régime de la communauté, et comme un frein à l'entraînement de la femme et à l'influence du mari. Mais cette prétention a un tort bien autrement grave : c'est de porter atteinte à cette liberté de personnes, au nom de laquelle on élève la voix, car ce serait forcer les femmes nées dans des conditions entièrement différentes à se marier sous le même régime. Si la femme adopte en se mariant le régime dotal, au lieu du régime de la communauté, c'est qu'évidemment elle a ses raisons pour faire ce choix ; or, vouloir la relever de l'incapacité à l'abri de laquelle elle veut placer son union, c'est violenter ses intentions, l'exposer à de cruelles déceptions, et lui donner, malgré elle, un pouvoir dont elle craint d'abuser, et qui, le plus ordinairement, serait une cause de ruine pour elle et sa famille. C'est, au reste, ce que prouvent les faits qui se passent tous les jours sous nos yeux à l'égard des femmes mariées sous le régime de la communauté, dont les reprises matrimoniales sont presque toujours absorbées par les dettes que leur font contracter les maris.

On soutient, il est vrai, que l'intérêt public et celui de la société doivent passer avant l'intérêt privé de la famille ; mais la conservation des droits des femmes a toujours elle-même été regardée comme une question d'ordre et d'intérêt public : *Reipublicæ interest mulieres dotes salvas habere*, disaient les lois romaines.

Quoiqu'en principe on ne puisse, suivant nous, supprimer radicalement l'hypothèque légale de la femme, néanmoins nous pensons que, sans danger pour les droits de cette dernière et sans crainte de jeter la perturbation dans d'autres parties de la législation, on peut modifier à cet égard quelques dispositions du régime hypothécaire, 1° de manière à ce que cette hypothèque légale, comme on l'a fait très-judicieusement observer, ne soit pas une porte continuellement ouverte à la fraude, qui reste d'autant plus impunie, que le stellionat n'entraîne qu'une peine illusoire, lorsqu'il devrait être assimilé à l'escroquerie ; 2° de manière encore à ce que cette hypothèque légale ne pèse plus de tout le poids d'une interdiction sur les biens du conjoint, et que ses conséquences ne soient plus à l'avenir une crainte incessante pour les tiers et surtout pour les prêteurs, qui n'ont pas, comme les acquéreurs, la faculté de la purger.

Pour parvenir à faire en cette partie du régime hypothécaire les modifications que nous croyons indispensables, il faut voir d'abord si toutes les femmes ont droit à la même protection de la loi, et si dès lors il n'y aurait pas lieu de restreindre le nombre de celles qui jouissent de la faveur de l'hypothèque légale ; ensuite, si les effets des hypothèques légales, qui en définitive seraient dispensées d'inscription, ne pourraient pas être réduits de telle sorte que les maris pussent avoir une plus grande liberté de disposer de leurs immeubles, et que les tiers pussent aussi être rassurés sur les appréhensions qui, dans l'état actuel de la législation, les arrêtent aujourd'hui pour traiter avec les hommes mariés.

Peut-être trouvera-t-on dans les chapitres suivants les moyens d'arriver à ce résultat.

DEUXIÈME SECTION.

De l'hypothèque légale de la femme mariée en communauté.

Le régime de la communauté, quelle que soit la dénomination employée par le législateur, n'est en réalité dans sa constitution, dans son but et dans ses effets, rien autre chose qu'une société qui, au lieu d'être établie entre des étrangers, est contractée entre époux, et dont le mari est le chef légal et le seul administrateur; seulement l'association est réglée par des dispositions particulières de loi, et n'a d'autre terme que l'une des causes qu'elle a indiquées (1441).

Que les conséquences fâcheuses de la gestion, souvent plus mal-
heureuse qu'inhabile, retombent sur le mari personnellement, qui est
le gérant responsable de la société, et contre lequel la femme a le
droit d'exercer un recours quelconque, nous n'avons pas à nous en
préoccuper dans son propre intérêt; mais est-il juste, rationnel
même, que la femme exerce ce recours à raison des capitaux
qu'elle a engagés dans la société provenant de la vente de ses
biens personnels, sur les immeubles de son mari, au préjudice des
créanciers hypothécaires de ce dernier, qui eux, le plus souvent,
n'ont pas spéculé avec cette société? C'est ce qu'il importe d'examiner.

Si la communauté ou l'association conjugale produit des bénéfices, la femme associée peut doubler, tripler, décupler les capitaux
versés par elle dans la caisse commune. C'est là évidemment un
immense avantage qu'elle a pesé et que certainement elle a pris en
grande considération pour faire introduire dans son contrat de
mariage le régime de la communauté. Dans cette hypothèse, les
tiers ne peuvent être intéressés; cependant il est bon de faire remarquer que le mode de liquidation est absolument le même que
celui d'une société ordinaire; car chaque époux rapporte à la masse
ce qu'il doit à raison des sommes que la caisse commune a dé-
boursées pour lui. Puis, lorsque les rapports sont faits, chaque
époux prélève le prix des immeubles qui ont pu être aliénés et
toutes les indemnités qui peuvent lui être dues. Enfin, tous ces rapports et prélèvements opérés, les époux, comme les associés ordinaires, partagent les bénéfices. Ainsi il y a non-seulement identité
de constitution et de but entre la communauté et une société, mais
il y a également identité de mode de liquidation, si l'association
produit des résultats avantageux.

Mais il n'en est pas de même lorsque la liquidation de la société
conjugale ne présente que des pertes et des dettes : alors la femme
renonce à la communauté, et, par le fait de sa renonciation, elle
perd, il est vrai, tout droit sur les biens de cette communauté et
les valeurs mobilières qui y sont entrées de son chef, mais elle re-
tire ses linges et hardes (1492). Elle reprend ses immeubles personnels, le *prix de ceux aliénés* et toutes les indemnités qui peuvent lui être dues (1493); prix d'aliénations et indemnités qu'elle
peut *réclamer* sur les biens de la communauté et sur les biens

personnels de son mari, en vertu de son hypothèque légale (1494 et 2121).

Il est facile de voir que les conséquences de ce règlement des droits de la femme, lorsque la communauté ne vaut rien, peuvent être on ne peut plus funestes pour les créanciers hypothécaires du mari, puisque, par suite des prélèvements faits par la femme en vertu de son hypothèque légale, ils peuvent perdre tout ou partie de leurs créances.

Que la loi, dans l'intérêt de la famille et des enfants, ait réservé une ressource contre le malheur, cela se comprend; mais alors il ne fallait pas donner à la femme la faculté d'aliéner ses immeubles, et lui faciliter les moyens de souscrire des obligations pouvant rendre illusoire la faveur qu'on lui accordait. Il fallait surtout, par des mesures prudentes, empêcher qu'elle ne pût en abuser. C'est cependant ce qui arrive tous les jours, parce que la femme, assurée d'un recours sur les biens de son mari, ne se fait aucun scrupule de vendre ses propriétés; c'est même un moyen tout simple de mobiliser sa fortune territoriale et d'en tirer deux produits : l'un provenant du prix des ventes qu'elle touche ainsi que son mari, et l'autre provenant de transports avec subrogation dans l'effet de son hypothèque légale, et qu'elle consent le plus souvent à la suite d'exigences maritales ou d'obsessions de la part de créanciers à créances assez équivoques, qui se trouvent ainsi payés au grand préjudice des légitimes créanciers hypothécaires du mari.

Or, lorsque l'expérience démontre que la faveur exorbitante de cette hypothèque légale concédée à la femme mariée en communauté, prête si facilement à la fraude, et que, loin de lui profiter, elle tourne presque toujours contre elle, on doit s'empresser de modifier une disposition de loi qui fait naître de graves inconvénients, et retirer à la femme un droit qui ne sert que mieux à la dépouiller et à la ruiner.

TROISIÈME SECTION.

De l'hypothèque de la femme mariée avec la clause que les époux se marient sans communauté, et des biens paraphernaux.

Ce n'est pas seulement en ce qui concerne la femme mariée en communauté que l'hypothèque légale dispensée d'inscription devrait être supprimée. Il devrait en être de même, suivant nous, pour la femme mariée sous ce système bâtard qui n'est ni le régime de la communauté, ni le régime dotal, et qui consiste uniquement dans la stipulation que les époux se marient *sans communauté* (art. 1530). La même mesure devrait, en outre, atteindre tous les biens paraphernaux dont la femme mariée sous le régime dotal a la libre administration et la jouissance.

Dans ce cas de mariage avec cette stipulation sans communauté, les créanciers hypothécaires du mari peuvent éprouver un plus grave préjudice que dans celui où la femme se marie en communauté; parce que, dans cette dernière hypothèse, la femme perdant les capitaux qui sont entrés dans l'association conjugale n'a pas de recours sur les immeubles de son mari au détriment des créanciers hypothécaires de celui-ci; au lieu que ce recours s'effectue sur ces immeubles, en vertu de l'hypothèque légale pour l'intégralité de tous les biens meubles et immeubles de la femme mariée *sans communauté* et pour ceux dits *paraphernaux*, s'ils ont été aliénés.

Il y a même, à l'égard de ces biens paraphernaux, un motif de plus pour que l'hypothèque légale n'en facilite pas le recouvrement: c'est que la femme, par cela même qu'elle se les est réservés, s'est senti assez d'énergie et d'indépendance pour les soustraire aux envahissements du mari, et que, pouvant en disposer à son gré, et sans pour ainsi dire en rendre compte à personne, il n'est pas juste que les créanciers hypothécaires soient victimes de ses dissipations.

Au reste, les biens de la femme mariée sans communauté étant aliénables comme ceux de la femme mariée en communauté, et les biens paraphernaux étant également aliénables, les mêmes motifs existent pour que, dans ces deux cas, le régime hypothécaire soit modifié, c'est-à-dire que l'hypothèque légale dispensée d'inscription soit supprimée à cet égard.

QUATRIÈME SECTION.

De l'hypothèque légale de la femme mariée sous le régime dotal.

Lorsque chaque province de la France avait en quelque sorte sa loi particulière, c'était assurément un travail très-pénible pour le législateur, de doter le pays d'une législation uniforme. La difficulté devait surtout se faire sentir lorsqu'il s'est agi d'établir des bases fixes à l'égard des conventions matrimoniales, parce que, outre les différentes dispositions contenues dans les coutumes, la population entière était divisée par deux systèmes principaux, complétement opposés. Cependant comme celui de la communauté était la règle du plus grand nombre, il fut adopté en principe et formulé de manière à ce qu'il suppléât à l'absence des conventions.

Mais le législateur qui, dans le cours de ses laborieux travaux, avait puisé dans l'arsenal des lois romaines, ne pouvait manquer de respecter la tradition de ces lois, dans les parties de la France où elles étaient vivaces et tellement enracinées, que pour y introduire le régime de la communauté il eût fallu contrarier les mœurs, faire violence aux opinions, et méconnaître les usages des habitants qui, même aujourd'hui, malgré le demi-siècle qui nous sépare de la promulgation du Code civil, suivent encore ces traditions. Aussi, le régime dotal fut-il également introduit dans le Code. Que ce régime ne soit qu'une exception à la loi commune, cela importe d'autant moins que, par une disposition générale, le législateur a laissé aux époux la plus grande liberté pour insérer dans leur contrat de mariage telles conditions qui pourraient leur convenir, et notamment celle de l'*inaliénabilité* de la dot.

Il n'y a pas à se tromper sur le caractère du régime dotal, non pas précisément tel qu'il est défini par le Code civil, puisque l'article 1549 contient une certaine dérogation au principe; mais sur l'essence même du statut dotal, parce qu'il repose sur l'*inaliéna-*

bilité des biens présents et à venir de la femme, si ces derniers ont été compris dans la constitution dotale. (Art. 1540, 1541 et 1542.)

Sans doute, comme le régime de la communauté, ce régime dotal peut être singulièrement modifié ; mais si l'aliénation de la dot ou des immeubles, quoique constitués dotaux, a été permise *sans remploi*, ce n'est plus qu'un régime dotal défiguré et qui rentre, sauf quelques différences, dans ce régime dont nous avons parlé dans le chapitre précédent, de constitution de dot *sans communauté* ; c'est un régime mixte qui ne produit plus les mêmes effets que le régime dotal proprement dit, que celui enfin de l'inaliénabilité. Les conséquences de celui-ci se comprennent facilement. S'agit-il de capitaux dotaux, ceux qui en sont débiteurs et qui les versent, doivent en surveiller le placement. S'agit-il de prix provenant de biens indivis ou d'aliénations permises, mais *avec remploi*, les acquéreurs sont obligés d'exiger un remplacement. Le recours de la femme sur les biens du mari ne saurait donc être exercé au détriment des créanciers hypothécaires de ce dernier.

Il est vrai que, sur cette question, la jurisprudence est controversée, et qu'on a jugé que la femme n'ayant qu'un recours *subsidiaire* contre ses acquéreurs, pouvait recourir sur les biens de son conjoint. Mais dans cette circonstance, où les intérêts de la femme ne sont pas directement en cause, puisqu'il doit peu lui importer qui, en définitive, devra la rembourser, il est nécessaire que le code hypothécaire, qui doit régler tous les droits immobiliers de chacun, intervienne pour interdire le recours de la femme sur les biens de son mari, au préjudice des créanciers hypothécaires, parce qu'il n'est pas juste que ces derniers soient victimes de la négligence des débiteurs des capitaux dotaux et des acquéreurs des biens inaliénables, qui doivent veiller au placement des uns et au remplacement des autres.

Ce régime dotal n'exclut pas toutefois la faculté de stipuler une société d'acquêts (art. 1498, 1499 et 1581, C. civil), qu'il ne faut pas confondre avec le régime de la communauté.

Cette société d'acquêts n'a, en effet, ni fonds social ni aucun des éléments constitutifs de la communauté. Loin de là, les époux sont censés en exclure les dettes de chacun d'eux, actuelles et futures et leur mobilier présent et à venir. Après le prélèvement des apports justifiés, le partage se borne simplement aux acquêts faits par les époux, provenant tant de l'industrie commune que des économies faites sur les fruits et revenus des biens des deux époux.

La femme a d'autant plus droit à recueillir sa part dans les avantages de cette société d'acquêts, que souvent c'est à la bonne administration de son ménage, à ses soins particuliers et aux économies qu'elle peut faire, que la société doit sa prospérité, que son mari n'est que l'usufruitier de ses biens (art. 1562), et que parfois les revenus de ceux-ci excèdent de beaucoup la part pour laquelle elle doit contribuer dans les charges de l'union conjugale.

Au surplus, il est à remarquer que les créanciers ne peuvent rien perdre à l'institution de cette société d'acquêts, puisque, si l'actif est absorbé par les dettes, il n'y a rien à partager.

Sans doute l'hypothèque légale de la femme frappe les biens de la société d'acquêts comme ceux de la communauté; mais à cet égard c'est encore une modification que le régime hypothécaire peut introduire pour éviter la fraude, parce que quelquefois les immeubles ne sont pas toujours payés avec le produit des économies, mais avec l'argent des créanciers, sans déclaration d'origine des deniers (1).

Ainsi la position de la femme mariée sous le régime dotal est bien différente de celle de la femme qui adopte le régime de la communauté. Si on refuse à cette dernière les garanties de l'hypothèque légale dispensée d'inscription, c'est qu'elle court les chances de la spéculation, qu'elle a la faculté d'aliéner sa fortune particulière, et qu'elle partage les bénéfices de l'association conjugale. Mais il est difficile avec un régime qui, comme le régime dotal, prive la femme de ces avantages, qui met sa dot au pouvoir de l'administrateur légal, autorisé à en disposer et sous la condition de la rendre au jour de la dissolution du mariage, de ne pas accorder des sûretés à cette femme; car ce serait compromettre ses intérêts, violer la sainteté du contrat, que de rendre la dot périssable par le seul défaut de l'inscription.

« Mieux vaudrait, a dit la cour de Montpellier, abolir franche-
« ment le régime dotal, puisqu'on lui enlèverait le seul avantage
« qu'il puisse produire en faveur de la femme, tout en lui laissant
« les chances dont il l'a grevée. Ce régime resterait comme une

(1) Sauf la restriction ci-après, p. 55.

« déception dont longtemps encore les femmes seraient victimes,
« jusqu'au jour où une législation plus sage lui rendrait son véri-
« table effet ou la rayerait entièrement de nos codes (1). »

La femme mariée sous le régime dotal a donc droit en principe, comme en équité, à une hypothèque légale dispensée d'inscription; mais nous pensons que les effets de cette hypothèque
peuvent être modifiés de manière à rassurer les tiers et à donner dans une juste mesure satisfaction au crédit foncier.

Il est vrai que les moyens qui, suivant nous, pourraient concilier toutes les exigences, se trouvent singulièrement paralysés par
l'organisation actuelle de la conservation des hypothèques; mais
néanmoins, malgré cette organisation incomplète, il est possible
d'arriver à un résultat plus équitable que celui qui se produit
chaque jour.

Ces moyens nous paraissent assez faciles d'exécution. On va
pouvoir en juger.

Lorsque la femme adopte le régime dotal, si le mari est propriétaire d'immeubles, soit le notaire qui reçoit le contrat, soit le
receveur qui doit l'enregistrer, serait tenu de prendre inscription
pour et au nom de la femme sur les biens du mari. Cette inscription, considérée comme formalité et comme conséquence de l'enregistrement, étant ainsi prise, il n'est plus besoin ni du mari, ni
de la femme, ni des parents, ni des amis, ni enfin du ministère
public, pour remplir une formalité qu'on n'accomplit pas, par cela
même que trop de personnes en sont chargées ou que les éléments
manquent pour le faire.

Si au contraire le mari ne possède aucun immeuble, alors la
femme peut exiger que son mari fournisse caution (1550) ou que
sa dot soit placée sur hypothèque entre les mains d'un tiers,
avec déclaration de la dotalité, afin que ce tiers puisse se libérer
valablement, soit entre les mains du mari, si alors il est propriétaire de biens en quantité suffisante pour répondre de la dot, soit
dans l'hypothèse contraire, en surveillant le nouveau placement;
soit, en cas de refus de la part des époux, en déposant cette dot à
la caisse des consignations, à la charge d'un autre placement. De
l'une et l'autre manière, le recouvrement de la dot est assuré
sans préjudice pour les tiers. La consignation pourrait peut-être

(1) Documents relatifs au régime hypothécaire, vol. II, p. 281.

paraître un inconvénient ; mais on peut à cet égard compter sur la vigilance des époux, qui, pour l'éviter, s'empresseraient à l'avance de chercher un autre placement.

Mais si le mari ne possède pas d'immeubles ou si la dot n'est pas placée, quel sera le moyen, dira-t-on, d'assurer la restitution de la dot qui aura été versée au moment du mariage? D'abord aujourd'hui, il n'y a pas dans toute la législation un seul article qui puisse assurer le recouvrement d'une créance qui n'est pas garantie. Le régime hypothécaire actuel lui-même est impuissant à cet égard, car il ne dispose que pour l'avenir ; c'est-à-dire que pour la survenance d'immeubles au conjoint, en frappant par avance, à cause de la rétroactivité de l'hypothèque légale, des biens dont le mari peut ne devenir propriétaire que 5, 10, 15 et même 20 ans après la date de cette hypothèque.

Dans cette hypothèse, il est clair qu'il n'y a et qu'il ne peut y avoir d'autre garantie que celle qui repose sur la confiance que le mari peut inspirer à la femme, et dont elle s'est contentée au moment où elle avait toute la liberté d'exiger d'autres sûretés ; mais au lieu de grever par avance, d'une manière occulte et indéterminée, les biens qui peuvent advenir au mari dans un temps plus ou moins éloigné, nous pensons qu'il vaudrait mieux que le conservateur des hypothèques fût tenu d'ouvrir un registre spécial, destiné à recevoir les extraits de tous les actes pouvant donner ouverture au droit d'hypothèque de la femme, extraits que les notaires qui auraient reçu les actes seraient obligés de lui remettre dans un délai déterminé, afin que, si le mari héritait de biens immeubles ou s'il venait à en acheter, ce conservateur prît d'office, au nom de la femme, une inscription sur ces mêmes biens, sauf, dans cette dernière hypothèse, à ne consigner cette inscription qu'après celle qu'il est tenu de prendre d'office pour le vendeur non payé (1).

Il nous semble qu'à l'aide de cette mesure, la dot de la femme serait autant que possible assurée, sans que les créanciers hypo-

---

(1) Ce moyen aurait assurément plus d'efficacité, si on instituait, comme nous le proposons chapitre IX, un bureau central de mutations et inscriptions où serait réuni tout ce qui pourrait concerner le même particulier, né dans l'arrondissement, si l'organisation actuelle des bureaux était conservée, ou dans le canton, si les receveurs d'enregistrement devenaient en même temps conservateurs.

thécaires du mari pussent se plaindre, puisque les droits de la
femme seraient connus, et que, d'ailleurs, leur inscription serait
toujours postérieure à la sienne. Il y aurait même cet avantage,
que les biens du mari ne seraient grevés que pour une somme déterminée, et que, pour tout le surplus, il pourrait en disposer.

Le même mode d'inscription, par l'intermédiaire du notaire
qui ferait la liquidation d'une succession, ou du receveur qui l'en-
registrerait, devrait également s'appliquer lorsque des successions
adviendraient à la femme; seulement l'inscription ne comprendrait que les valeurs en espèces, de portefeuille, billets, actions
industrielles et commerciales, et l'estimation, portée dans l'inven-
taire, du mobilier meublant; car si on y comprenait aussi le montant des obligations notariées, non-seulement on grèverait les
biens du mari de valeurs qu'il n'aurait pas touchées, mais encore
d'un double emploi, lorsque les débiteurs de ces obligations viendraient à se libérer; le mari pourrait, dans tous les cas, se pourvoir par voie de référé devant le président du tribunal pour faire
restreindre l'inscription, si la liquidation définitive de la succession établissait que les droits de sa femme dans cette succession
étaient moins considérables que ceux énoncés dans l'inscription
ou les inscriptions qui auraient été prises.

Mais il n'est pas aussi aisé de donner à la femme la même sécurité pour les indemnités qu'elle peut réclamer. Ces indemnités
sont assez souvent nulles ou d'un chiffre assez faible; mais elles
peuvent aussi s'élever à une somme considérable, si, par exemple,
le mari a abusé de l'administration qu'il a eue des biens de sa
femme, en ne faisant pas les réparations obligées à ses immeubles, en faisant des coupes anticipées dans les bois, en négligeant
des recouvrements, etc.

Pour ces indemnités, il est évident qu'à moins de méconnaître
le principe même de l'inaliénabilité des biens dotaux, la femme
peut exercer hypothécairement un recours contre son mari.

Quel est le moyen d'assurer à la femme le recouvrement de ces
indemnités éventuelles? Si une inscription était prise, même par
évaluation, comme quelques personnes le proposent, à quelle époque devrait-elle être consignée sur les registres du conservateur?
Est-ce au moment du mariage? Mais alors souvent la femme ne
posséderait aucuns biens pouvant plus tard donner lieu à réclamer des indemnités; il serait possible même qu'elle n'en possédât

jamais pendant toute la durée du mariage. Ou bien serait-ce à l'époque où la cause de l'indemnité se produirait? Mais non-seulement le plus souvent la femme l'ignorerait, mais aussi, dans une infinité de circonstances, les causes qui existeraient un jour pourraient disparaître le lendemain. Aussi ce n'est réellement qu'après que la femme est rentrée dans la pleine administration de ses biens qu'il est possible de connaître la nature, l'étendue et le montant de ces indemnités.

Vouloir dès lors, et en escomptant pour ainsi dire arbitrairement l'avenir, prendre une inscription avant cette époque pour des créances éventuelles et indéterminées, et sans causes réellement appréciables, serait, suivant nous, grever d'autant plus inutilement les biens du mari, que presque toujours on comprendrait dans l'inscription tous les motifs pouvant donner naissance aux indemnités et pour des sommes exagérées, qui s'élèveraient le plus ordinairement à la valeur même des biens personnels de la femme. L'inscription présenterait donc plus de difficulté et d'inconvénient que l'hypothèque légale.

Nous avons cherché avec beaucoup d'ardeur le moyen d'assurer à la femme le recouvrement de ces indemnités éventuelles, parce que nous aurions été heureux de voir supprimer radicalement son hypothèque légale, dispensée d'inscription, à l'aide d'autres mesures pouvant lui garantir l'intégralité de ses droits; mais nous devons avouer que tous nos efforts ont échoué contre les difficultés d'exécution. Peut-être les éminents esprits qui s'occupent des modifications à apporter au régime hypothécaire le trouveront-ils? Mais jusque-là nous croyons que l'hypothèque légale, dispensée d'inscription, peut seule conserver à la femme son droit éventuel.

Sans doute, c'est, nous en convenons, une restriction fâcheuse au point de vue du crédit foncier et de l'intérêt des tiers; mais il ne faut pas non plus, lorsque l'hypothèque légale ne conserverait plus que ces indemnités éventuelles, s'en exagérer les conséquences, du reste fort peu à redouter, de la part des créanciers hypothécaires, qui ont soin, pour les éventualités de toute espèce, de laisser toujours une assez grande marge entre la valeur des immeubles de leur débiteur et les charges qui les grèvent.

En résumé, la restitution de la dot et des valeurs mobilières appartenant à la femme mariée sous le régime dotal étant assurée par des inscriptions prises dans son intérêt, par un notaire ou le receveur d'enregistrement, les acquéreurs de ses biens immeubles personnels étant responsables des remplacements, l'hypothèque légale, dispensée d'inscription, ne subsisterait donc plus que pour les indemnités qui pourraient lui être dues lorsqu'elle rentrerait dans l'administration de ses biens.

Mais comme les droits ainsi conservés par des inscriptions pourraient être gravement compromis si ces inscriptions n'étaient pas renouvelées dans le délai imparti par la loi, et que par suite les tiers, à moins d'une dispense expresse, pourraient être inquiétés par elle, nous pensons qu'à cet égard on ferait bien de revenir à l'article 23 de la loi du 11 brumaire an VII, et de dispenser de renouvellement toutes les inscriptions prises au nom des femmes, pendant non-seulement le mariage, mais aussi une année après soit la dissolution du mariage, soit la séparation judiciaire.

CINQUIÈME SECTION.

De l'hypothèque légale des mineurs et des interdits.

Le législateur, en accordant aux mineurs et aux interdits une hypothèque légale dispensée d'inscription sur les biens de leur tuteur, a voulu nécessairement garantir la gestion des deniers pupillaires; cependant, et quoiqu'il y ait à cet égard parité de motifs pour assimiler le père (1), administrateur des biens d'un mineur, à un tuteur, cet administrateur n'a pas été compris dans la disposition de la loi. C'est là évidemment une lacune qu'il nous semble qu'on devrait combler, que l'hypothèque légale soit ou non maintenue en faveur du mineur (2).

(1) Il n'y a que le père qui puisse être l'administrateur des biens donnés à ses enfants. S'il en était autrement, l'autorité paternelle pourrait perdre singulièrement de sa puissance.

C'est ce qui a été jugé par la cour d'appel de Rouen, le   1823, en annulant la clause d'un testament par laquelle le testateur avait nommé un autre que le père pour administrer les biens légués (art. 389).

(2) La cour de cassation et les cours d'appel de Riom et de Lyon, par arrêts des 3 décembre 1821, 23 mai 1822 et 3 juillet 1827, ont décidé que l'enfant mineur n'avait pas d'hypothèque légale sur les biens de son père, administrateur légal pendant le mariage, à raison de ses biens personnels.

Mais cette hypothèque légale elle-même remplit-elle le but que le législateur s'est proposé? Il est permis d'en douter. En effet, si le tuteur est propriétaire d'immeubles, le législateur se montre très-rigoureux envers lui en grevant pour un temps plus ou moins long et une gestion parfois insignifiante la totalité de ses biens, quelle qu'en soit la valeur. Si au contraire le tuteur ne possède aucun immeuble, il a alors en lui la confiance la plus illimitée et lui abandonne, sans aucune mesure de précaution, des capitaux mobiliers et même immobiliers souvent considérables; en sorte qu'il met sur la même ligne le tuteur qui présente les plus solides garanties et celui qui n'en offre aucune. Sans doute l'hypothèque légale, dont le législateur a fait l'unique garantie de la gestion du tuteur, peut, dans beaucoup de cas, produire les effets qu'il en a espérés; mais dans une foule d'autres, il est certain qu'elle est exorbitante ou dérisoire; car, ou elle paralyse la fortune immobilière du tuteur, ou elle ne couvre pas les intérêts qu'elle est destinée à protéger, si le tuteur ne possède aucun bien.

Aussi il nous paraît nécessaire de substituer à ce mode de garantie des sûretés plus réelles, pouvant avoir le double avantage de conserver les droits du pupille et de dégrever les biens du tuteur d'une charge inutile et d'autant plus onéreuse, qu'elle est une entrave à la libre disposition et circulation de ses immeubles.

Néanmoins, tout en recherchant le meilleur système de garantie, il ne faut pas oublier que, s'il importe de mettre la fortune du mineur à l'abri d'une mauvaise administration qui, le plus souvent, commence par la négligence et finit par l'infidélité, il importe aussi que les mesures à prescrire ne puissent amoindrir les revenus de ce mineur, de manière à rendre indispensables des prélèvements successifs sur les capitaux, pour pourvoir à ses besoins journaliers et à son éducation.

Quant aux capitaux, si le tuteur était propriétaire d'immeubles d'une valeur suffisante pour garantir le capital à lui versé pour le compte du mineur, l'hypothèque légale pourrait être remplacée facilement par une hypothèque conventionnelle suivie d'une inscription prise au nom du pupille par le notaire devant lequel le payement aurait lieu, ou par le commissaire-priseur qui effectuerait le payement, ou tout autre officier ministériel chargé de le constater; si, au contraire, ce tuteur ne possédait pas d'immeubles ou si, en possédant, il ne voulait pas se charger d'un capital qui serait un embarras pour lui et affranchir ses biens d'une inscription, les capitaux pourraient être placés sur hypothèque entre les mains de tiers (1). Du reste, toutes les inscriptions prises au nom du mineur seraient dispensées de renouvellement pendant tout le temps de la minorité et même de l'année de la majorité.

Toutefois, de savants magistrats et d'honorables citoyens pensent qu'on pourrait remplacer l'hypothèque légale par la consignation des deniers pupillaires, et, à cette occasion, ils citent des exemples de plusieurs pays étrangers et notamment la Bavière, qui en aurait puisé l'idée dans le code prussien, où le système de consignation serait pratiqué depuis le 1ᵉʳ Juin 1832. Pour apprécier ce système qui produit, dit-on, les plus heureux résultats, tant pour la fortune publique que pour les intérêts privés, il faudrait connaître toute la législation bavaroise ayant rapport aux mineurs et spécialement à la question qui nous occupe; quels avantages recueillent ces intérêts privés dont on parle, et quel taux d'intérêt est servi aux capitaux versés; car si cet intérêt n'était, comme d'après la législation française, que de 2 pour cent pour dépôt volontaire, il est évident que les revenus du mineur seraient considérablement diminués, eu égard aux placements hypothécaires.

Nous aussi nous partagerions cette opinion de la consignation des deniers pupillaires, mais comme moyen subsidiaire, et si l'on instituait une caisse des orphelins (2), comme la caisse d'épargne est celle des pauvres, payant 4 pour cent d'intérêt, payables par trimestre ou semestre au tuteur sur ses simples quittances, et parce que les capitaux consignés pourraient être retirés en tout ou partie dans les trois cas suivants :

1° Pour payer le prix d'acquisitions d'immeubles faites au nom et pour le compte du mineur;

2° Pour faire un placement hypothécaire;

(1) Il serait nécessaire de prescrire une pénalité contre l'officier ministériel qui ne prendrait pas inscription. Il serait bon également de décider si le tuteur serait le seul juge de la validité du placement, ou bien si une délibération du conseil de famille serait utile, ou bien encore si l'avis du juge de paix, présidant ce conseil de famille, ne suffirait pas. Dans tous les cas, l'autorisation serait délivrée sans autres frais que le timbre et l'enregistrement au droit fixe d'un franc.

(2) On pourrait y joindre la consignation des deniers dotaux.

Et 3° pour les besoins du mineur ou payer des dettes auxquelles il serait tenu.

Il va sans dire que des dispositions réglementaires indiqueraient comment le tuteur pourrait retirer les fonds, et s'il serait nécessaire qu'il fût muni d'une autorisation quelconque (1).

Ce mode de placement par hypothèque inscrite sur les biens du tuteur ou de tiers, et subsidiairement de consignation, d'après les bases ci-devant indiquées, donnerait évidemment au mineur une complète sécurité en ce qui concernerait ses capitaux, qui composent presque toujours le principal élément de la gestion du tuteur, et qu'il importe plus particulièrement de garantir. Les revenus du mineur eux-mêmes n'éprouveraient qu'une faible diminution, et lorsque seulement les fonds seraient consignés; dès lors la cause principale de l'hypothèque légale venant à disparaître, cette hypothèque légale deviendrait sans objet relativement à ces mêmes capitaux.

D'un autre côté et dans l'état de la législation, il est un autre élément de la gestion du tuteur qui réclame une sérieuse attention du législateur : nous voulons parler des aliénations des immeubles du mineur. Sans doute les aliénations des biens de mineurs ne peuvent avoir lieu que suivant les formes voulues par la loi et l'autorisation de la justice; mais cette sage précaution du législateur, qui a pour but d'empêcher que les biens du pupille ne soient vendus sans nécessité et à vil prix, s'arrête à la vente et ne protège pas le prix des immeubles contre la malversation du tuteur, qui a le droit de le toucher sans être propriétaire du plus petit immeuble, et sans autre garantie que cette hypothèque légale qui ne frappe que dans le vague, et qui est par cela même illusoire. Aussi, si le mode de placement dont nous venons de parler plus

(1) Si l'on craignait que le taux de l'intérêt ne fût une charge pour l'État, on pourrait fixer un délai après lequel la totalité des capitaux devrait être retirée ou limiter la somme qui seule pourrait rester consignée. On pourrait aussi ne faire courir l'intérêt des sommes versées, que dix, quinze ou vingt jours après la consignation, et faire cesser cet intérêt du jour de l'avertissement donné à la caisse pour retirer un capital quelconque. Enfin cet intérêt pourrait être *proportionné* au montant de la somme dont la caisse serait débitrice envers le mineur, c'est-à-dire que le taux pourrait être diminué après un chiffre déterminé.

haut n'était pas adopté, nous croyons qu'on devrait obliger le tuteur à remplacer en immeubles le prix ou la portion disponible du prix provenant de l'acquisition, ou au moins le contraindre à le placer hypothécairement, s'il ne possédait pas d'immeubles.

Quant à la gestion des revenus du mineur, il nous semble qu'il y a lieu, à cet égard, de faire une distinction entre la tutelle légale et la tutelle dative. On comprend, en effet, que lorsque la tutelle est légale, la gestion présente plus de sûreté que lorsqu'elle est déférée à un parent plus ou moins éloigné, quelquefois même à un étranger. L'affection naturelle du père ou de la mère pour leurs enfants, et la jouissance légale (art. 384) qu'ils ont des biens de ces derniers, jusqu'à ce qu'ils aient atteint l'âge de dix-huit ans, peuvent être considérées comme des motifs suffisants de garantie, surtout lorsqu'on ne peut craindre pour les capitaux, et qu'en définitive, le père ou la mère n'a à rendre compte que de trois années des revenus du mineur; mais il n'en peut être de même envers le tuteur nommé, qui lui n'a aucun droit aux revenus du pupille, qui peut administrer pendant une assez longue série d'années et auquel on ne peut supposer, pour le mineur, ni la même tendresse ni le même intérêt que peut porter le père ou la mère. Cette distinction, qui ressort, au reste, de la nature des choses, subsiste également dans la loi qui a prescrit, à l'égard de la tutelle dative, des dispositions qui ne s'appliquent en aucune manière à la tutelle légale; car le tuteur nommé n'est pas libre, comme le tuteur légal, de régler la dépense du pupille, qui, au contraire, est fixée par le conseil de famille (art. 454). Ce tuteur nommé est en outre dans l'obligation d'employer, tous les six mois, l'excédant des revenus, sous peine de payer les intérêts à défaut d'emploi (455). Il doit aussi remettre des comptes sommaires au subrogé-tuteur aux époques fixées par le conseil de famille (470), etc.

Or, tout en maintenant la disposition de l'article 455 du Code civil, relative aux intérêts pour défaut d'emploi de l'excédant des revenus du mineur, on pourrait obliger le tuteur nommé à verser tous les six mois cet excédant, à la caisse des consignations, des deniers pupillaires; à ce moyen, on obtiendrait un double but, celui de donner toute sécurité au mineur, et d'éviter au tuteur la charge de payer les intérêts de sommes que, par négligence peut-être, il ne place pas. Et afin que cette disposition reçoive son exécution, on pourrait prescrire également que ce tuteur fût tenu de justifier tous les ans des versements par lui faits (1) ; de cette manière, l'hypothèque légale pourrait, en ce chef, être supprimée et même être très-avantageusement remplacée.

Mais il est encore un autre élément de la gestion du tuteur qui, comme pour les femmes mariées sous le régime dotal, présente la même difficulté : c'est celui relatif aux indemnités que le pupille peut avoir à réclamer pour cause de mauvaise gestion, à l'occasion des réparations, dégradations, négligences dans les recouvrements, etc., qui se réduisent le plus souvent à très-peu de chose, mais cependant auxquelles le mineur a droit. Nous croyons, par les motifs énoncés page 35, qu'on ne peut éviter l'hypothèque légale sans compromettre les intérêts du mineur ; mais nous exprimons de nouveau le désir qu'on puisse trouver le moyen d'assurer, pour ces indemnités, une complète sécurité au mineur, afin de supprimer radicalement l'hypothèque légale pour ce qui le concerne (2).

SIXIEME SECTION.

De l'hypothèque légale de l'État, des communes et des établissements publics.

Si l'hypothèque légale attribuée à l'État, aux communes, et aux établissements publics par l'article 2121 du code hypothécaire était

(1) Au juge de paix, par exemple, comme président du conseil de famille.

(2) Nous ferons remarquer que, le plus souvent, l'administration du tuteur n'est déplorable que parce qu'elle n'est ni surveillée ni contrôlée ; cependant, quel que soit le degré de parenté du tuteur, ce dernier n'est que le dépositaire de la fortune du pupille. Aussi nous pensons que pour rendre, si ce n'est impossibles, du moins assez rares, la négligence et la malversation du tuteur, on devrait donner au juge de paix, qui, comme magistrat, présente de véritables garanties, et qui, comme président du conseil de famille, doit intervenir dans les affaires du mineur, des pouvoirs suffisants pour faire toutes les constatations qu'il croirait utiles à l'intérêt de ce dernier, et pour surveiller efficacement l'administration du tuteur ; par ce moyen on éviterait le désordre dans la gestion de ce tuteur, que dans l'état actuel de la législation on ne peut arrêter que lorsque souvent il n'est plus possible d'en atténuer les effets.

Mais ces pouvoirs qui, d'ailleurs, ne devraient être exercés que très-discrètement, devraient aussi se concilier avec tous les ménagements dus à la tutelle légale et les droits acquis à celle-ci, à raison de la jouissance des biens du pupille.

limitée, il ne pourrait s'élever de plaintes sérieuses sur son utilité, parce qu'il est incontestable que le trésor public, les communes et les établissements publics, ont le droit d'exiger et doivent exiger de leurs comptables, au moment de leur entrée en fonctions, les plus amples comme les plus solides garanties pour raison de leur gestion.

Mais c'est parce que l'hypothèque est indéterminée, que l'on propose, avec raison, de modifier à cet égard le régime hypothécaire.

Que peuvent raisonnablement demander l'État, les communes et les établissements publics à leurs comptables? On vient de le dire, une bonne et excellente garantie pour raison de la fidélité de leur gestion; mais cette garantie n'exige pas nécessairement (sauf les conservateurs des hypothèques, qui sont des agents à part) qu'outre le cautionnement en espèces, qui est toujours calculé de manière à ce que les intérêts du trésor soient à couvert, tous les biens des comptables soient grevés d'une hypothèque générale et légale pour une somme illimitée. On comprendrait cependant, pour tenir compte des éventualités, qu'en plus du cautionnement et dans la crainte d'un déficit qui pourrait l'excéder, l'État exigeât un supplément de garantie en immeuble égal ou double, si l'on veut même, au montant du cautionnement; mais frapper sans nécessité et sans limite, d'une espèce de séquestre, une assez grande quantité d'immeubles pour une cause plus qu'éventuelle, c'est sans motif raisonnable apporter un véritable obstacle à la libre disposition des biens et une entrave à leur circulation; car à cause de cette hypothèque légale indéterminée, les tiers, ne voyant aucune sûreté à traiter avec les comptables, ne leur prêtent pas; et ceux-ci, de leur côté, ne veulent pas vendre la moindre parcelle de leurs biens par la double crainte qu'ils ont de se mettre en état de suspicion à l'égard de l'administration financière, et de ne pouvoir toucher le prix des biens qu'ils vendraient.

Assurément il n'en serait pas ainsi, si l'hypothèque légale était limitée, comme elle est déjà révélée, par une inscription, parce que, une fois la garantie de la gestion *fixée*, *inscrite* et *spécialisée* sur certains immeubles des comptables, tous les autres biens que possèdent ces derniers, devenus libres, pourraient être facilement hypothéqués et aliénés; par conséquent toutes les craintes disparaîtraient, et non-seulement le crédit foncier obtiendrait une juste satisfaction, mais le trésor public lui-même, à cause des droits d'enregistrement d'obligations et de transmissions qu'on payerait à l'occasion de ses biens, n'aurait qu'à y gagner.

Cette hypothèque légale n'est pas, il est vrai, comme celle des femmes et des mineurs, dispensée d'inscription, et son rang même s'efface pour faire place à celui que donne l'inscription. Mais lorsque les hypothèques générales, et surtout celles indéterminées, produisent des résultats si fâcheux à l'égard des hypothèques spéciales; que ces hypothèques générales sont vivement attaquées par les meilleurs esprits, il serait étrange qu'on maintînt à l'État cette faveur exorbitante, si nuisible aux tiers. C'est ce que M⁰ Treilhard, lors de la discussion sur le régime hypothécaire, a parfaitement démontré, et ce qui a fait dire au premier consul : « Il pourra en ré- « sulter quelques pertes pour l'État, mais cet inconvénient est moins « grand que celui de sacrifier au fisc la sûreté des citoyens. » Néanmoins l'hypothèque légale a été admise.

Nous savons bien que, d'après l'article 15 de la loi du 16 septembre 1807, la cour des comptes prononce sur les demandes en réduction et en translation d'hypothèques formées par des comptables encore en exercice, ou par ceux hors d'exercice, dont les comptes ne sont pas définitivement apurés, en exigeant les sûretés suffisantes pour la conservation des droits du trésor.

Mais si, pour une fonction quelconque, une garantie en immeubles était jugée nécessaire, indépendamment du cautionnement exigé en espèces, dont le taux, aujourd'hui déterminé, pourrait d'ailleurs être augmenté, pourquoi ne pourrait-on pas fixer le chiffre de cette garantie et l'indiquer dans l'inscription qu'on prendrait au moment de l'entrée en exercice du comptable, au lieu d'appeler plus tard la cour des comptes à se prononcer? Pourquoi enfin une hypothèque légale *inscrite, indéterminée*, frappant d'interdit les biens de plusieurs milliers d'employés, lorsqu'il est si facile d'en limiter le chiffre?

En définitive, lorsqu'il est assez rare que les comptables soient en retard de verser les sommes qui appartiennent au trésor public et qu'il est bien plus rare encore, il faut le dire à l'honneur des comptables, que l'État ait à éprouver des pertes, le *cautionnement* prélevé, ce serait évidemment par suite d'une crainte exagérée qu'on ne modifierait pas l'art. 2121 et qu'on n'obligerait pas l'État, les communes et les établissements publics à prendre des inscriptions *limitées* quant aux chiffres, et *spécialisées* quant aux immeubles, sur les biens des comptables avant leur entrée en fonctions.

SEPTIÈME SECTION.

Résumé des modifications concernant les hypothèques légales des femmes mariées, des mineurs et interdits; de l'État, des communes et établissements publics.

Si les modifications que nous proposons étaient admises, il en résulterait :

1° Que la femme mariée sous le régime de la *communauté* n'aurait plus droit à la faveur de l'hypothèque légale ;

2° Qu'il en serait de même à l'égard de la femme mariée avec cette clause dans le contrat de mariage, *sans communauté;*

3° Que n'importe sous quel régime la femme serait mariée, elle n'aurait aucun recours hypothécaire, *sans inscription*, sur les immeubles de son mari, pour raison de ses *biens* dits *paraphernaux;*

4° Que, quant à la femme mariée sous le *régime dotal* et sauf la restriction relative aux indemnités, sa dot et ses reprises matrimoniales seraient garanties à l'aide des moyens énoncés dans la quatrième section ;

Qu'en ce qui concernerait les aliénations de ses immeubles dotaux, *déclarés inaliénables sans remplacement* par son contrat de mariage, elle n'aurait aucun recours sur les biens de son mari, au préjudice des créanciers hypothécaires de ce dernier. Et au lieu d'un recours subsidiaire contre l'acquéreur, il lui serait réservé un recours direct pour défaut de remplacement; en sorte que cet acquéreur ne pourrait se libérer valablement de son prix qu'entre les mains du vendeur de l'immeuble acquis en remploi par la femme, ou qu'après un délai qui serait déterminé, par la consignation à charge de remploi ;

5° Que les mineurs et les interdits, par suite du placement et subsidiairement la consignation de leurs capitaux et de l'inaliénabilité de leurs immeubles, hors les cas spécifiés dans le Code civil, n'auraient plus également (excepté pour les indemnités) d'hypothèque légale;

6° Enfin, l'État lui-même, les communes et les établissements publics, seraient tenus de prendre inscription sur les biens des comptables *au moment de l'entrée en fonctions* de ces derniers, pour une *somme déterminée*, en sus du cautionnement, si une plus ample garantie était jugée nécessaire dans l'intérêt du trésor, égale au montant et même double de ce cautionnement, sauf à prendre une inscription supplémentaire pour le cas où le comptable viendrait à être appelé à une fonction entraînant une plus grande responsabilité. Dans tous les cas, l'inscription serait spéciale.

Ainsi de toutes les hypothèques légales il ne resterait plus que celle au profit de la femme mariée sous le régime dotal, et des mineurs, et que pour *une seule* et *unique cause éventuelle, indéterminée*, non *appréciable* et *impossible* à évaluer, celle pouvant résulter des indemnités dues à la femme après la dissolution du mariage ou la séparation judiciaire, et au mineur ou à l'interdit après la majorité, ou après que cet interdit se serait fait relever de l'interdiction.

Dès lors, à moins de supprimer radicalement l'hypothèque légale dispensée d'inscription, il est impossible de la réduire à des proportions aussi infimes et aussi peu inquiétantes pour les tiers. Néanmoins, nous répétons que nous faisons des vœux pour qu'on trouve le moyen d'assurer, à la femme mariée sous le régime dotal et au mineur, le recouvrement de ces indemnités éventuelles, afin de pouvoir anéantir complétement cette hypothèque légale.

Mais, dans tous les cas, la loi à intervenir ne pourrait *atteindre* que les femmes qui se marieraient postérieurement à sa promulgation. C'est ce que nous allons établir dans le chapitre suivant.

CHAPITRE V.

La loi à intervenir qui supprimerait l'hypothèque légale, dispensée d'inscription, ne pourrait, sans rétroactivité, s'appliquer aux femmes mariées antérieurement à sa promulgation.

———

Il est de principe en législation que, sauf le cas où il s'agit d'interprétation, la loi ne peut et ne doit disposer que pour l'avenir, et que « toutes les questions relatives à la preuve ou à l'*effet* d'une « convention doivent être jugées d'*après la loi* qui était *en vigueur* « à l'époque où la convention a été passée (1). » Or, toute loi non interprétative qui fait remonter ses effets à une époque plus ou moins éloignée et a pour conséquence d'annuler, changer ou modifier des conventions qui ont été stipulées antérieurement à sa promulgation, contient nécessairement un effet rétroactif.

Il est d'autant plus utile de ne pas s'écarter de ce principe de non-rétroactivité, à l'occasion de la réforme hypothécaire, que les partisans du retour à la loi du 11 brumaire an VII voudraient, dans l'hypothèse de la suppression de l'hypothèque légale, dispensée d'inscription, que la mesure fût générale et s'appliquât aussi bien aux femmes qui se marieront postérieurement à la promulgation de la loi à intervenir, qu'à celles qui, déjà, seront sous la domination maritale, sans égard aux positions faites par suite du régime hypothécaire en vigueur et quelles que soient les

---

(1) Delvincourt, *Cours de Code civil*, vol. I, page 176; art. 2 du Code civil. Trois arrêts des 11 mai 1818, 30 mars et 13 mai 1830, rendus par la cour supérieure de Bruxelles, où le Code civil est toujours en vigueur, décident que c'est la loi qui existait au moment de la célébration du mariage qui, seule, doit être suivie pour régler la révocabilité et le sort des conventions matrimoniales, soit expresses, soit tacites, tant pendant le mariage que dans le cas de séparation ou de décès. Dalloz aîné, vol. X, p. 107.

clauses contenues dans les contrats de mariage; en sorte qu'ils ne demandent rien moins que la loi à venir commette la même inconséquence qui a été reprochée aux législateurs de la loi du 11 brumaire an VII, dont la rétroactivité a fait perdre à une multitude de femmes, mariées antérieurement, toutes les créances qu'elles avaient sur leurs maris.

On objectera peut-être qu'il ne s'agit que de l'accomplissement de ce qu'on appelle une *simple formalité*; mais qui ne voit qu'en faisant de cette formalité une condition essentielle de la conservation des droits de la femme, c'est gravement compromettre ces droits?

Il est vrai que le régime hypothécaire a distingué l'hypothèque de l'inscription en ce sens que le créancier hypothécaire ordinaire, ayant un titre portant hypothèque, ne prend rang que du jour de l'inscription; mais il ne faut pas oublier qu'à son égard c'est une obligation qui lui a été imposée par la loi et qu'il a toute la plénitude de l'indépendance pour agir, au lieu que la femme mariée, au contraire, dont l'hypothèque est de droit, a été dispensée de l'inscrire par cela même qu'elle était sous puissance de mari. Toutefois la loi a fait une exception, celle relative à l'acquéreur qui notifie son contrat d'acquisition; dans ce cas, l'inscription doit être prise dans les deux mois de la notification; mais le législateur n'a pas laissé à la femme seule le soin de remplir cette formalité, car il en a chargé spécialement le mari, puis les parents, les amis et même le ministère public.

Il n'y aurait donc aucune parité à établir entre un créancier hypothécaire ordinaire et une femme mariée; et la distinction faite par le législateur s'explique facilement par la différence qui existe et parfaitement tranchée entre la position du créancier et celle toute particulière de la femme mariée.

Les cas de rétroactivité sont heureusement fort rares en France, relativement à la question qui nous occupe; il n'y a que cette loi du 11 brumaire an VII qui, par son caractère de généralité, ait eu des conséquences aussi funestes pour les femmes, surtout celles mariées antérieurement à sa publication. La loi intermédiaire du 17 nivôse an II elle-même, quoique rendue au plus fort de la révolution, n'avait pas aboli les coutumes, malgré les énormes différences qui en législation existaient entre elles; elle n'a, comme le Code civil, dont le but cependant était d'établir une législation uniforme en France, disposé que pour l'avenir (1). Et l'une et l'autre ont respecté les droits acquis antérieurement.

Il y a bien aussi l'édit de 1771, qui également, et au point de vue de l'*incommutabilité de la propriété entre les mains de l'acquéreur* (2), avait prescrit l'inscription de l'hypothèque de la femme dans les six mois de son enregistrement ou sa promulgation ; mais cette disposition ne concernait que la dot proprement dite ; car l'article 32 faisait exception pour raison des *douaires non ouverts des femmes et des mineurs*, c'est-à-dire pour les *droits à venir* qui, presque toujours, étaient plus considérables que la dot même. C'était un mode de purger l'hypothèque de la femme, par l'inscription même, dans le genre de celui établi par le Code civil, à la seule différence que, sous le régime actuel, la femme, son mari, ses parents, ses amis ou le procureur de la République, ont deux mois du jour de la mise en demeure pour prendre cette inscription.

Au surplus, il faut remarquer l'époque de cet édit. En 1771, la France était encore sous le joug de la féodalité, et elle était obligée d'accepter ce qu'il plaisait à Louis XV, son souverain, de lui octroyer ; aussi il est douteux que ceux qui insistent si vivement pour une nouvelle édition de la loi de brumaire an VII, prennent des exemples dans la législation des gouvernements de monarchies absolues ; mais au reste, on peut avec avantage opposer à cet édit de 1771 celui de Louis XIV de 1673, qui, loin de préjudicier aux droits des femmes pendant qu'elles étaient sous la domination maritale, leur avait accordé au contraire l'hypothèque sans enregistrement.

Croit-on que, parce que la loi à intervenir accorderait un délai plus ou moins long à la femme mariée (à l'époque de sa mise en activité) on éviterait ainsi l'injustice de la rétroactivité? Non , certainement. Qu'importerait ce délai? Est-ce que la loi pourrait avoir la puissance de rendre à la femme l'indépendance dont elle était pourvue lorsqu'elle a arrêté les clauses de son contrat de mariage? Comment dès lors l'assimiler à une femme non mariée,

----

(1) Dalloz aîné, v° hyp., vol. IX, page 23.

(2) Le dernier § de l'art. 2135, C. civ., dit : « Dans aucun cas, la disposition du présent article ne pourra préjudicier aux droits acquis à des tiers « *avant* la promulgation du présent titre.

Voir l'art. 1572, qui contient à peu près la même disposition.

parfaitement indépendante, qui, elle, stipule d'après la loi en vigueur, qu'elle connaît ou au moins qu'elle est, en droit, censée ne pas ignorer? Est-ce qu'entre elle et celle-ci, il n'y a pas toute la différence qui existe entre une personne libre et celle qui ne l'est pas? Ne serait-ce pas d'ailleurs exposer cette femme à perdre d'autant plus ses droits, que, mariée sous l'empire d'une législation qui, sans inscription, lui conservait ses reprises dotales, elle n'a dû prendre aucune précaution à cet égard? Est-ce qu'il n'est pas vrai de dire aussi que cette femme, en se mariant, aurait pu placer sa dot en immeubles ou entre les mains d'un tiers, plutôt que de la verser à son mari? Enfin, si on voulait que la loi pût s'appliquer aux femmes mariées antérieurement, ne serait-il pas juste avant tout, pour les placer dans la même position que celles qui se marieront postérieurement, de leur faire restituer leur dot et autres reprises qui, alors, leur seraient dues? Il faudrait donc commencer par leur faire rembourser leurs créances, et ensuite on pourrait les obliger à suivre la loi commune.

On ne manquera pas non plus sans doute d'objecter que ce serait introduire une certaine anomalie dans la loi, que d'astreindre telle femme à prendre inscription, lorsque telle autre en serait dispensée, et que ce serait reculer à un temps indéfini les avantages de la loi : mais cette double objection ne reposerait que sur une confusion de principes; en effet, est-ce que tous les jours les droits antérieurement acquis ne prennent pas rang avant ceux acquis postérieurement? Est-ce que la loi, sans commettre une iniquité, pourrait faire une inversion? Est-ce que les droits nés de la loi ne sont pas aussi respectables que ceux qui reposent sur des actes? D'un autre côté, est-ce que journellement les tribunaux n'appliquent pas les lois antérieures au Code civil, lorsque les droits qui sont réclamés remontent eux-mêmes à une législation précédente? Est-ce qu'il serait possible, sans injustice, d'anéantir une convention, soit écrite, soit légale, sous le prétexte qu'une loi postérieure serait intervenue? Non, assurément. Or, si la loi à intervenir, par une disposition quelconque, prescrivait à la femme mariée antérieurement un autre mode de conservation et de recouvrement de ses droits, que ceux qui ont été convenus par son contrat de mariage ou résultant de la loi en vigueur à l'époque du mariage, cette loi nouvelle contiendrait évidemment, avec l'effet rétroactif, l'iniquité qui y est attachée, parce qu'elle changerait les clauses du contrat, modifierait profondément la convention relative au mode d'assurer la fortune particulière de la femme, et annulerait les garanties sous la foi desquelles elle a contracté ; car ces garanties reposant sur une hypothèque légale *dispensée d'inscription*, elle a dû compter sur ce droit pour conserver ses créances dotales et lui en faciliter le recouvrement.

Qu'on veuille bien remarquer, en définitive, que l'on placerait la femme dans cette cruelle alternative qui se présente si souvent pendant la durée d'une union conjugale, sans même que la domination maritale intervienne pour ainsi dire : si la femme prend inscription, elle conserve et recouvre ses droits dans son intérêt et dans celui de ses enfants, mais elle peut compromettre la paix de son ménage et exposer l'honneur de son mari et celui de sa famille ; si, au contraire, elle ne prend pas inscription, elle évite, il est vrai, les troubles intérieurs et sauve l'honneur de son mari, mais elle se ruine, ne peut plus élever ses enfants, et toute la famille est dans la misère, sans espoir de se relever de cette fâcheuse position, parce qu'il ne reste plus aucune ressource.

Que la loi à intervenir contraigne les femmes qui se marieront sous son empire à prendre inscription, cela se conçoit ; elles sont libres ; le notaire ou tout autre prendra cette inscription pour elles, et la présence de cette inscription sur le registre de la conservation des hypothèques, à une époque où la puissance du mari ne peut encore agir dans le ménage, n'a aucun inconvénient ; mais y obliger les femmes mariées antérieurement, ce serait non-seulement introduire un effet rétroactif dans la loi, mais aussi violer les conventions loyalement faites et jeter la perturbation dans les familles.

Nous terminons, sur ce point, par une dernière observation : c'est que, si les législateurs de la loi du 11 brumaire an VII ne se sont pas rappelé ces remarquables paroles de Mirabeau :

« Nulle puissance humaine ni surhumaine ne peut justifier « l'effet rétroactif d'aucune loi, »

Les membres de la Chambre législative ne les oublieront pas.

Néanmoins, nous pensons que, si la nouvelle loi obligeait les notaires ou les receveurs d'enregistrement à prendre inscription dans l'intérêt des femmes qui contracteraient mariage après sa promulgation, qu'il devrait en être de même pour les femmes mariées antérieurement, *mais seulement pour les droits qui s'ouvri-*

raient à leur profit postérieurement à cette loi, parce qu'alors le notaire ou le receveur d'enregistrement interviendrait pour elles, sauf, bien entendu, les modifications dont nous avons parlé plus haut.

Nous croyons aussi que les femmes, quoique mariées avant la promulgation de la loi, mais devenues libres par le décès du mari ou par la séparation de biens, pourraient être assujetties à prendre inscription dans l'année du veuvage ou dans l'année de la séparation.

CHAPITRE VI.

Purge des hypothèques légales.

———

Le législateur, en dispensant d'inscription quelques hypothèques légales, n'a cependant pas voulu que les hypothèques occultes fussent un sujet de crainte pour les acquéreurs. S'emparant alors de l'idée dont le germe se trouvait dans l'édit de 1771, il a improvisé, plutôt que sérieusement médité, au milieu d'une très-vive discussion, les formalités de purge de l'hypothèque légale. Ce n'était, en réalité, qu'un essai qu'il a cherché à améliorer par l'avis du conseil d'État du 9 mai 1807, approuvé le 1er juin suivant. Il n'est donc pas étonnant que son système soit défectueux sur plusieurs points.

Trois reproches principaux peuvent être faits à ce système :

Le premier repose sur ce que, par suite des prescriptions ordonnées, c'est au moment où il est le plus essentiel que l'hypothèque légale produise efficacement tous ses effets, que les moyens manquent pour la réaliser; elle échappe et se perd;

Le second résulte de son imperfection même, parce qu'il n'a pour but que de donner une complète sécurité à l'acquéreur, sans se préoccuper le moins du monde du droit des créanciers hypo-

thécaires sur le prix, lorsqu'il est encore dû par l'acquéreur ou
qu'il n'est pas encore distribué; en sorte qu'aujourd'hui encore, et
quoique le code hypothécaire ait près d'un demi-siècle d'existence, la question du *droit de suite* est très-controversée entre la
cour de cassation et la plupart des cours d'appel (1) ;

Et le troisième, parce qu'il a l'inconvénient de prescrire des
formalités complétement inutiles et d'occasionner des frais très-
dispendieux, surtout pour les acquisitions d'un prix peu élevé; de
manière qu'une très-grande quantité d'acquéreurs (2) préfèrent
courir la chance d'être troublés plutôt que de payer des frais qui,
pour les *deux cinquièmes des ventes*, s'élèvent en moyenne à
18 p. 100, et, pour un autre cinquième, à 8 p. 100 (3).

Résumons au surplus, en peu de mots, tout ce système, et ap-
précions les conséquences des formalités qui le constituent.

PREMIÈRE FORMALITÉ. — *Dépôt de la copie collationnée du
contrat de vente au greffe du tribunal de la situation des
biens.*

Cette disposition a nécessairement pour but de mettre plus particulièrement la femme et le subrogé-tuteur à même de prendre
communication de l'acte, afin d'inscrire l'hypothèque légale, et,
au besoin, faire ou faire faire une surenchère. Or, en supposant
que ce dépôt parvienne à leur connaissance par une signification
directe, et que ni maladies, ni intempéries des saisons, ni inon-

_____

(1) La cour de cassation, par six arrêts rendus en 1825, 1827, 1829 et 1831,
semble avoir décidé, *in terminis*, que les formalités de la purge affranchissent
et la *propriété* et *le prix* qui en provient, de tout l'effet de l'hypothèque légale;
de sorte qu'il ne subsiste plus aucun droit vis-à-vis des créanciers.

La plupart des cours d'appel, au contraire, ont jugé, par de nombreux arrêts
(vingt environ), que la purge n'affranchissait que l'*immeuble*, parce que cette
purge n'était que facultative de la part de l'acquéreur et faite dans son intérêt
particulier; que dès lors les femmes et les mineurs pouvaient toujours avoir
recours sur le prix, à la date de leur hypothèque légale, quoique non inscrite
dans les deux mois, tant que ce *prix* est aux mains de l'acquéreur ou qu'il
n'est pas distribué.

(2) La totalité des ventes étant à la totalité des transcriptions comme 100 est
à 21,87, on peut être à peu près certain qu'il y a à peine la moitié des ventes
qui sont purgés des hypothèques légales. Voir la note p. 61.

(3) Voir la note p. 57.

dations, ni travaux des champs, ni une foule d'autres circonstances, ne viennent, surtout pour les gens habitant la campagne, apporter des obstacles à ce que dans les deux mois ils puissent se transporter au greffe, il nous semble que les obliger à un déplacement que, pour l'aller et le retour, on peut évaluer en moyenne à 50 kilomètres, lorsque la femme et le subrogé-tuteur ont leurs domiciles dans l'arrondissement; au double lorsqu'ils habitent dans le département, et même à 8 ou 900 kilomètres lorsqu'ils demeurent à une extrémité de la France, lorsque le greffe de la situation de l'immeuble peut se trouver à l'autre; c'est mettre des entraves à leurs droits, ou au moins ne pas leur donner toute la facilité convenable d'en user.

On comprend que la surenchère ne puisse se poursuivre ailleurs que devant le tribunal de la situation des biens, puisque c'est là où doivent se trouver plus particulièrement ceux qui auraient le désir de les acquérir. On comprend aussi que, par suite de l'organisation actuelle des bureaux des hypothèques, organisation faite par suite de la loi du 21 ventôse an VII, par conséquent antérieure au régime hypothécaire actuel, et qu'on ne saurait trop se hâter de changer ou modifier, on soit obligé de remplir la formalité de l'inscription au bureau de la conservation des hypothèques du lieu de la situation des biens; mais nous concevons difficilement qu'on ait choisi le greffe du tribunal civil de cette situation pour donner connaissance du contrat de vente à ceux qui sont le plus intéressés à en prendre communication, lorsque leurs demeures peuvent être très-éloignées de ce greffe (1).

DEUXIÈME FORMALITÉ. — *Affiche dans l'auditoire du tribunal de la situation de l'immeuble.*

Les motifs devant énoncés ne peuvent que faire ressortir davantage, non seulement le mauvais choix de l'endroit où l'affiche doit être apposée, mais aussi l'inutilité même de cette affiche.

A ces motifs déjà si concluants, on peut ajouter que personne ne jette les yeux sur cette affiche manuscrite qui, d'ailleurs, est bientôt couverte par d'autres annonces plus récentes, et est apposée

(1) MM. Grenier et Tarrible sont d'avis de supprimer le dépôt au greffe du tribunal civil.

dans une audience où la femme et le subrogé-tuteur ne sont jamais ou que par une très-rare exception, quoique demeurant dans
la ville du siége du tribunal ; qu'enfin le législateur a si bien reconnu l'inefficacité de cette mesure, que lui-même, dans la loi du
2 juin 1841 sur les expropriations, il a supprimé cette affiche.

TROISIÈME FORMALITÉ. — *Signification du certificat de dépôt
du contrat, tant à la femme et au subrogé-tuteur qu'au procureur de la République.*

Cette prescription de la loi pourrait produire de bons résultats,
si la signification faite à la femme au domicile conjugal, parlant
au mari (1), aux domestiques ou aux concierges, lui parvenait ; si de
son chef la femme pouvait agir, ou que les circonstances le lui per-
missent ; ou encore, si l'intérêt du mari lui laissait la faculté d'a-
voir connaissance de cette signification ; si, d'un autre côté, le subrogé-tuteur, dont cependant la responsabilité est engagée, tenait
davantage compte de l'avertissement qui lui est donné ; si enfin
le procureur de la République possédait les documents nécessaires
pour remplir la mission qui lui est confiée par la loi, sans crainte
de jeter la perturbation dans les affaires des maris et des tuteurs,
par suite d'inscriptions inconsidérées : mais l'expérience ne jus-
tifie que trop que ces diverses significations n'atteignent pas le
but que le législateur s'est proposé.

QUATRIÈME FORMALITÉ. — *Insertion dans un journal de la signification de l'acte de dépôt du contrat, contenant sa date,
les noms, prénoms, professions et demeures des contractants,
la désignation et la situation des biens, le prix et les charges
de la vente* (1).

Cette formalité qui a été ajoutée au système primitif par suite
de l'avis du conseil d'État du 9 mai 1807, approuvé le 1ᵉʳ juin sui-

(1) La cour d'appel de Paris, par arrêt du 25 février 1829, a jugé que la signification faite à la femme, *parlant au mari*, était nulle ; mais la cour d'appel
de Rouen a décidé le contraire par arrêt du 15 février 1828.
(2) Quelques personnes sont dans cette opinion, du reste, intéressée, à cause
de leur profession, que ces *énonciations* ne sont pas rigoureusement exigées pour
l'*insertion* dans le journal ; mais c'est évidemment une erreur. En effet, si, outre

vant, a toujours produit de meilleurs résultats que tous les autres;
cependant à elle seule elle ne saurait être suffisante, parce que la
transmission de la propriété (1) n'arrive pas toujours à la connaissance de la femme et du subrogé-tuteur, lorsque surtout ceux-c
habitent la campagne et que la publicité se fait hors l'arrondissement, le département, et même à une distance très-éloignée de leurs
habitations.

Aussi ceux qui sont plus particulièrement intéressés et qui doivent prendre inscription, ou bien ceux qui, dans l'intérêt des incapables, ont été chargés de ce soin, ne le font pas ou n'inscrivent
que très-rarement.

Pour remplacer la plupart de ces formalités, que l'expérience a
reconnues inefficaces, il nous paraît d'une incontestable utilité de
créer d'autres mesures, afin que la femme et le subrogé-tuteur

la signification du certificat de dépôt, l'art. 2194 a prescrit *positivement* ces
énonciations dans l'affiche apposée dans l'auditoire du tribunal, c'est qu'il a
voulu nécessairement qu'elles parvinssent à la connaissance des intéressés, et
notamment de ceux qui peuvent inscrire et faire une surenchère. Or, lorsque
plus tard le législateur a reconnu que ce mode de publicité était trop obscur et
insuffisant, et qu'il a ordonné, par l'avis du conseil d'État du 1er juin 1807, l'in-
sertion de la *signification* du certificat de dépôt, il a entendu évidemment que
cette *insertion* fût la reproduction de cette *signification, qui doit contenir ces*
énonciations.

Au surplus, à quoi bon servirait cette publicité dans un journal, si l'annonce
ne contenait pas les éléments que le législateur a lui-même énumérés avec soin,
et qu'il a reconnus nécessaires pour éclairer le public? Quelle en serait l'utilité,
si l'acquéreur ou son agent de purge pouvait, de sa propre autorité, et quelquefois dans le but d'éviter une dépossession par surenchère, retrancher une ou
plusieurs énonciations? N'est-il pas clair que, dans cette hypothèse, il pourrait les
supprimer toutes, et qu'alors il vaudrait beaucoup mieux anéantir la formalité
de l'insertion elle-même; car, dès l'instant où l'on pourrait à son gré faire des
omissions, on pourrait aussi avoir la faculté de tronquer les énonciations, ce
qui n'arrive que trop souvent.

(1) Nous pensons que la transcription devrait être rendue publique par la
voie du journal d'annonces judiciaires. L'insertion, outre la date de la transcription, devrait contenir les énonciations prescrites pour la purge, c'est-à-dire la
date du contrat, les noms, prénoms, professions et domiciles des contractants,
la simple situation des biens et le prix.

Assurément, quatre ou cinq lignes du journal suffiraient; les *Petites Affiches,*
à Paris, qui publient ces transcriptions, ne mettent pas plus pour chaque mention de transcription. Nous pouvons attester que ces mentions sont bien plus
souvent consultées que les annonces de purges des hypothèques légales.

soient plus directement informés de la nécessité d'inscrire, et qu'en un mot l'hypothèque légale ne se perde pas par suite d'une surprise.

Il nous paraît non moins utile également que les formalités à prescrire pour purger les hypothèques légales soient simplifiées, tout en produisant des effets plus directs, de manière que les frais soient moins dispendieux que ceux que les acquéreurs sont obligés de payer aujourd'hui (1).

(1) Les frais de purge doivent s'élever de 60 à 85 fr., suivant le tarif de l'endroit où elle a lieu ; moyenne, 72 fr. 50 c. C'est donc 24 pour cent pour une vente de 300 fr. ; 18 pour cent pour une de 400 fr. ; 14 1/2 pour cent pour une de 500 fr., et 12 pour cent quand elle s'élève à 600 fr. Et l'on sait que les *deux cinquièmes* des ventes ne dépassent pas ce chiffre, et qu'un *autre cinquième* varie entre 600 et 1,200 fr.; moyenne, 900 fr., ou 8 pour cent de frais de purge.

C'est beaucoup assurément, surtout pour des acquisitions de fonds d'un faible prix ; néanmoins, c'est bien peu que ces chiffres de 60 à 85 fr., si on les compare au montant des frais que les acquéreurs payent à Paris, et qui ne sont jamais moins de 150 fr. Il est vrai que, généralement, les propriétés y ont une plus grande valeur que partout ailleurs ; mais il est vrai de dire aussi que l'officier ministériel qui fait la purge ne peut réclamer que des droits *fixes*, alloués par le tarif ou accordés par l'usage et par analogie, lorsqu'ils ne sont pas précisément prévus par le tarif. Ainsi, pour le dépôt du contrat au greffe et la mise au tableau, ce qui coûte en province 8 à 9 fr. revient à Paris à 30 fr., parce que, à l'expiration des deux mois, on délivre une expédition inutile; en sorte que, pour l'accomplissement de la même formalité, l'acquéreur paye à Paris deux et trois fois plus qu'en province.

Mais ce n'est pas tout : par une abnégation de leurs droits qui ne se comprend guère de la part des notaires de Paris, surtout en présence d'un arrêt de la cour d'appel d'Amiens et d'un arrêt de la cour de cassation, qui ont décidé que les purges d'hypothèques légales ne pouvaient être réclamées exclusivement par les avoués, les avoués de Paris ont le monopole de ces purges. Les notaires poussent même la condescendance jusqu'à leur envoyer les purges qu'ils pourraient faire eux-mêmes. Tout cela, au reste, importerait peu aux acquéreurs, si ce privilége, créé par la faiblesse, n'engendrait pas des abus qui n'existeraient pas, probablement, si les notaires, usant de leurs droits, faisaient concurrence, parce qu'alors les acquéreurs ne payeraient pas assez souvent, outre les droits *fixes*, des honoraires extraordinaires, sous le prétexte qu'une très-grande responsabilité pèse sur eux, à cause de la purge qui peut être déclarée nulle.

Si en effet ces honoraires, qu'on nous a assuré être motivés sur la responsabilité de l'officier ministériel, sont payés, la Chambre législative chargée de la réforme du régime hypothécaire pourra juger, par le relevé suivant, si, pour toutes les purges, ces honoraires extraordinaires sont bien acquis et justement mérités.

En 1846, il y a eu à Paris 1,139 purges, dont 76 ont été rectifiées par errata,

Nous croyons qu'avec une très-grande économie de frais, que nous estimons à plus de moitié, on pourrait purger les hypothèques légales d'une manière plus efficace, surtout si elles étaient

plus de 1 sur 15. Sur ce nombre de 76, près de moitié, 32, ne l'ont été que 3, 4, 5, 6, 7, 8, 9, 10, 11, 19, 21, 43, 65, 91 et 150 jours après les insertions.

Si on a fait ces errata, c'est qu'on a cru évidemment que les insertions étaient défectueuses et que les errata pouvaient les valider.

Cependant on a vu plus haut dans quel but le législateur a prescrit les énonciations dont parle l'article 2194. Croit-on qu'il ait entendu qu'on pourrait publier ces énonciations à son gré et par fractions, surtout lorsqu'il n'a donné à la femme, aux amis, au subrogé-tuteur, et au ministère public, que 60 jours pour inscrire? Si dans l'insertion le nom du vendeur est omis, par exemple, comment la femme de ce dernier pourra-t-elle savoir que c'est son mari qui est ce vendeur, qui éveillera son attention et celle de ceux qui doivent prendre inscription pour elle? Comment pourra-t-elle faire une surenchère ou solliciter pour en faire une, si la situation de l'immeuble n'est pas indiquée, et qu'il ne soit fait aucune mention de prix de vente? Sans doute l'acquéreur fait une signification directe à la femme, mais on sait que presque jamais elle ne lui parvient; que d'ailleurs tous ceux qui sont chargés du soin d'inscrire ne reçoivent pas de signification, et qu'il n'y a qu'une publication régulière qui puisse les avertir. Enfin, croit-on aussi qu'on pourrait opposer à cette femme un errata *paru* CENT CINQUANTE JOURS après la première insertion et quoique le prix soit payé, sous le prétexte qu'elle n'aurait point inscrit dans le délai; qu'en un mot, on pût lui opposer une déchéance? Assurément, la femme pourrait très-facilement repousser cette fin de non-recevoir, parce que l'acte sur lequel elle reposerait serait irrégulier, pour ne pas dire de nul effet.

Mais outre ces insertions, qu'on a cru pouvoir valider par des errata, il en existe beaucoup d'autres non rectifiées qui peuvent être l'objet de critiques plus sérieuses. Ainsi, depuis le mois de juin 1843 jusqu'à fin décembre 1849 (et l'on sait que, dans les deux dernières années qui viennent de s'écouler, il n'y a pas eu la moitié des purges des années précédentes), *sans compter les errata, les erreurs sur les prix et les énonciations insuffisantes sur la situation des biens*, il y a eu

1° 28 Insertions ne contenant pas les noms, prénoms et demeures des vendeurs et demeures des acquéreurs. Les prix des ventes s'élèvent ensemble à..................... 2,078,070 fr.

2° 15 Insertions contenant des erreurs matérielles sur la situation des immeubles (une rue pour une autre, etc.) Prix... 1,655,100

3° 3 Insertions ne contenant pas même la plus légère indication des propriétés vendues. Prix........................... 46,000

4° 10 Insertions ne contenant pas d'énonciations des actes de ventes, ou sans dates, ou dates erronées. Prix...... 621,800

A reporter.... 4,400,970 fr.

réduites aux proportions dont nous avons parlé plus haut. Cette purge se bornerait à trois formalités :

1° La copie collationnée du contrat de vente, au lieu d'être déposée au greffe du tribunal civil de la situation des biens, serait déposée au greffe de la justice de paix du domicile de la femme ou de la tutelle. Le greffier de la justice de paix délivrerait un simple certificat, énumérant les énonciations ci-dessus re·pelées, et constatant que le dépôt a été effectué.

2° Ce certificat serait signifié à la femme ou au subrogé-tuteur par un huissier spécial de la justice de paix, avec citation de se présenter devant le juge de paix dans les dix jours. L'huissier devrait, autant que possible, parler à la femme, et en cas d'absence de celle-ci, délivrer la copie au maire de la commune, qui, dans les trois jours, devrait la faire remettre, par le garde-champêtre ou un autre agent, à la femme elle-même, sous récépissé si elle sait écrire.

Nous pensons qu'on doit préférer le juge de paix du canton du domicile de la femme ou de la tutelle au procureur de la République, pour veiller plus spécialement aux intérêts des femmes et des mineurs, par plusieurs motifs : 1° parce que le juge de paix, ayant un moins grand nombre d'administrés, les connaît mieux personnellement, et connaît mieux aussi leur position de fortune que le procureur de la République, qui ne peut les connaître que par exception, et dont le parquet est toujours assez éloigné de l'habitation de ceux qu'il pourrait protéger; 2° parce que la

			Report.....	4,400,970 fr.
5°	25	Insertions sans faire mention de prix, prix qui ont été connus en dehors des purges. Ensemble les 25........		3,889,222
6°	4	Insertions également sans mention des prix, restés inconnus (contrats non transcrits)......................		Mémoire.
7°	2	Insertions ne contenant ni noms ni demeures des vendeurs, ni mention de prix (triple omission). Prix...........		175,300
8°	2	Insertions ne contenant ni noms ni demeures des vendeurs, et indications erronées des biens (triple omission). Prix..		140,050
9°	1	Insertion ne contenant ni noms des anciens propriétaires, ni indication de l'immeuble, ni mention de prix, resté inconnu (triple omission)............................		Mémoire.
		Total, 90 Insertions, non compris cinq prix restés inconnus. Pour 85 prix................................		8,605,542 fr.

femme et le subrogé-tuteur, ne demeurant qu'à une faible distance du greffe de la justice de paix et du juge de paix lui-même, auraient plus de facilité pour prendre connaissance du contrat de vente, et se présenter sur la citation ou se rendre à l'invitation du juge de paix ; 3° parce que celui-ci, si la femme ne se présentait pas dans les dix jours, pourrait lui écrire d'abord, et au besoin lui faire réitérer la citation avant l'expiration du mois de la première signification ; 4° parce que, si elle se présentait et qu'elle voulût inscrire, il pourrait prendre inscription pour elle ou dresser un simple procès-verbal qu'elle ne le veut pas. Si, au contraire, elle ne se présentait pas, et que, sur les renseignements qu'il posséderait ou qu'il pourrait recueillir, le juge de paix reconnaissait qu'il serait de l'intérêt de la femme qu'elle inscrivît, il en référerait au procureur de la République, qui, lui, dans sa sagesse verrait, d'après les documents qui lui seraient transmis, s'il y aurait lieu ou non à prendre inscription. Il en serait de même à l'égard de la tutelle, à raison de laquelle, comme président du conseil de famille, le juge de paix a toujours des éléments assez positifs.

Enfin, la troisième formalité consisterait à faire publier dans un journal (1), conformément à l'avis du conseil d'État du 1er juin 1807, que la femme et le subrogé-tuteur soient ou non connus,

(1) Sans doute, il est très-fâcheux que la politique ait quelquefois guidé le choix des journaux pour recevoir les annonces ; cependant, politique à part, il est certain que la désignation d'un seul journal dans la localité est bien préférable au libre arbitre des officiers ministériels, parce que, antérieurement à la loi, les annonces étaient parfois insérées dans des journaux n'ayant aucune publicité réelle, et qu'aujourd'hui le nombre des feuilles ayant doublé, triplé et quadruplé, les annonces pourraient être éparpillées de telle sorte, que ces journaux, n'étant lus que par les partisans politiques de chacun d'eux, n'arriveraient pas à la connaissance du plus grand nombre. Cette mesure a d'ailleurs l'avantage de couper court à toutes ces remises, toujours offertes en primes d'une clientèle qui ne s'est que trop abaissée à les recevoir.

Aussi nous pensons qu'à cet égard il convient de suivre les errements du passé, tout en manifestant le désir qu'il y ait par arrondissement (sauf ceux de localité) un journal, non pas officieux, non pas politique, mais *officiel* ; c'est-à-dire un journal dans lequel seraient publiées *seulement* les lois de l'État, les arrêtés du préfet, des maires et autres agents du gouvernement, les convocations, les adjudications administratives et les annonces judiciaires. Nous croyons que toutes les insertions judiciaires, auxquelles viendraient se joindre les annonces privées payantes, seraient plus que suffisantes non-seulement pour couvrir les frais de cette feuille, mais aussi pour rapporter un certain

les énonciations prescrites par l'article 2194 du Code civil et les noms des anciens propriétaires. Après quarante jours, au lieu de soixante, du jour de la signification et de l'insertion, qui seraient suffisants pour prendre inscription et faire une surenchère, la loi à intervenir déclarerait l'immeuble purgé et affranchi de toutes hypothèques légales, tant à l'égard de l'*acquéreur* qu'à l'égard des créanciers hypothécaires du *vendeur*.

CHAPITRE VII.

Des hypothèques judiciaires.

——

Le législateur, en introduisant dans le Code civil l'article 2123, qui dispose que l'hypothèque judiciaire résulte des jugements, soit contradictoires, soit par défaut, définitifs ou provisoires, et des reconnaissances ou vérifications faites en jugement des signatures apposées à un acte obligatoire sous seing privé, n'a pas créé un droit nouveau ; sous l'ancien droit, tout créancier ayant une obligation privée pouvait aussi en demander l'*avération* et se conférer ainsi une hypothèque.

La loi du 3 septembre 1807 a, il est vrai, restreint le droit de créancier, en ce sens qu'il ne peut plus maintenant prendre inscription en vertu du jugement qu'après échéance et exigibilité de l'obligation, s'il n'y a stipulation contraire ; mais tel que ce droit existe encore aujourd'hui, il nous paraît exorbitant.

Nous savons qu'à cette occasion on invoque encore la législation de quelque pays voisin, qui admet l'hypothèque judiciaire sous le nom de *prénotation;* mais nous répétons qu'il est dangereux de céder trop facilement à des exemples de législation étrangère lorsqu'on n'en connaît pas bien tout l'ensemble.

bénéfice à l'éditeur. Au surplus, cette feuille, au lieu d'être quotidienne, pourrait sans aucun inconvénient ne paraître que trois et même deux fois par semaine.

Quant à nous, si nous sommes d'avis que l'on doit supprimer radicalement l'article 2123 et même la loi du 3 septembre 1807, ce n'est pas par esprit d'opposition, mais parce que, d'après notre conscience et notre expérience des affaires, nous croyons que l'hypothèque judiciaire est illogique et injuste dans ses conséquences.

En effet, il nous semble irrationnel qu'un créancier chirographaire, à billet à courte échéance, puisse obtenir un titre lui conférant hypothèque, non-seulement *sur la totalité des biens* de son débiteur, mais aussi *sur ses biens à venir*, lorsque le créancier hypothécaire qui, par cela même que sa créance est à long terme, a exigé un gage immobilier, n'a qu'une *hypothèque spéciale* sur un bien qui peut périr ou diminuer considérablement de valeur, en sorte que le titre authentique s'efface, pour ainsi dire, devant l'acte sous seing quelquefois équivoque.

Il nous paraît aussi que c'est détruire l'égalité qui doit toujours exister entre tous ceux qu'une même confiance dans le débiteur a placés au même rang, lorsque les titres des uns et des autres sont de même nature et ont la même origine.

Nous pensons également que c'est donner une prime au hasard de l'échéance de la dette ou accorder à la fraude le moyen d'être récompensée *judiciairement*, car il suffit qu'un emprunteur souscrive une obligation, en apparence à terme, mais rendue immédiatement exigible à l'aide d'une antidate, pour que l'on fasse consacrer la fraude par la justice. Sans doute, on peut objecter que le débiteur peut profiter des lenteurs d'une procédure intentée par un créancier légitime, pour consentir des hypothèques conventionnelles au profit de créanciers réels ou supposés, afin de rendre sans effet l'hypothèque judiciaire que ce créancier peut obtenir par la suite; mais on conviendra que, dans ce cas, la fraude, n'ayant pas autant de moyens de succès, peut être plus facilement déjouée, et que, d'ailleurs, les frais assez considérables qu'elle peut entraîner en pure perte pour ceux qui peuvent la pratiquer, doivent rendre cette fraude beaucoup moins fréquente que dans l'hypothèse dont nous venons de parler.

Enfin, c'est parce que l'hypothèque judiciaire, par sa généralité, crée un véritable privilège qui n'est justifié par aucune considération d'équité, que nous croyons qu'on doit la supprimer.

CHAPITRE VIII.

Transcription obligée et publicité de toutes les transmissions à titre onéreux et gratuit.

———

Dans l'état actuel de la législation, la transcription n'est pas exigée pour les actes d'acquisition à titre onéreux d'immeubles sus-
ceptibles d'hypothèques ; c'est une formalité qui, sans doute, a ses
avantages, mais dont on peut à la rigueur se dispenser et qui reste
facultative.

Au contraire, elle était impérieusement exigée à l'égard des tiers
par la loi du 11 brumaire an VII, qui régissait la matière des hypothèques à l'époque où fut discuté le Code civil ; et tous les esprits
que n'enchaîne pas la routine du passé avaient hautement approuvé
ce système et ses heureux résultats.

Pourquoi donc les rédacteurs du Code civil l'ont-ils repoussé ?
Pourquoi s'en sont-ils tenus à un système mixte et timide, exigeant
la transcription en matière de donation entre-vifs et de substi-
tution, et laissant à la volonté des parties la liberté de remplir cette
formalité dans les autres actes de translation de propriété immobilière ? Voici les éclaircissements que nous trouvons, à cet égard,
dans les procès-verbaux du conseil d'État.

La loi du 22 frimaire an VII soumettait l'acquéreur à deux droits
distincts : l'un de 4 pour cent pour l'enregistrement de l'acte de
mutation, l'autre de 1 et demi pour cent pour la transcription.
M. Tronchet s'éleva énergiquement contre le système de la transcription forcée, disant qu'elle n'était, au fond, qu'une mesure pure-
ment fiscale ; que c'était aux parties d'examiner si les avantages
qu'elle était destinée à leur assurer valaient, en somme, le sacrifice
pécuniaire qu'elles seraient obligées de supporter ; et, sur ces observations, le principe de la transcription forcée, qui devait être franche-
ment admis ou rejeté dans l'art. 1140, fut d'abord ajourné jusqu'au

jour où on traiterait des effets de la vente, puis ajourné encore et renvoyé au titre des hypothèques, où il a été enfin rejeté (2182) ; mais d'une manière si obscure, si embarrassée, que jusqu'à la promulgation du Code de procédure, dont l'art. 834 a fait cesser toute incertitude sérieuse, la jurisprudence et les auteurs étaient vivement partagés sur la question de savoir si le code avait maintenu ou abrogé le système de la loi du 11 brumaire an VII.

Depuis la loi du 28 avril 1816, les acquéreurs ont perdu le seul avantage que M. Tronchet avait voulu leur assurer : cette loi porte, en effet, que les deux droits de 4 et 1 et demi, en tout 5 et demi pour cent, seraient perçus en même temps lors de l'enregistrement du contrat, lors même qu'on ne croirait pas devoir faire transcrire. Le législateur de 1816 espérait, sans doute, que la pratique corrigerait le Code civil et que la transcription, dont on pouvait se dispenser en droit, aurait lieu en fait d'une manière générale et à peu près universelle.

Cette attente est loin d'avoir été remplie, car, aujourd'hui encore, il y a plus d'*un cinquième* des actes que les acquéreurs se dispensent de faire transcrire pour n'avoir point à payer les honoraires des conservateurs des hypothèques (1).

L'intérêt du trésor, celui des tiers et des acquéreurs eux-mêmes, exigent évidemment que la transcription soit obligatoire, afin qu'aucun acte ne puisse y échapper : pour assurer, à cet égard, l'exécution de la loi, il nous semble qu'éclairé par le passé, on devrait attacher à l'absence de cette formalité une déchéance ou une pénalité ; l'acquéreur, par exemple, ne pourrait opposer aux tiers son contrat *non transcrit ;* mais il nous paraît juste, pour les ventes au-dessous de 1,200 fr., d'autoriser la transcription des contrats sur extraits.

Il ne serait pas moins nécessaire non plus, dans l'intérêt des tiers et de la régularité des registres des hypothèques, que la

(1) En rapprochant le nombre des contrats de ventes de celui des transcriptions, on trouve, savoir : pour les ventes de 600 francs et au-dessous, comme 100 est à 12,25 ; pour les ventes de 600 fr. jusqu'à 1,200 fr., comme 100 est à 29,72 ; pour celles de 1,200 fr. et au-dessus, comme 100 est à 49,78.

Enfin, la totalité des ventes est à la totalité des transcriptions comme 100 est à 31,87.

(*Lettre du ministre des finances,* Documents relatifs au régime hypothécaire, tome III, p. 528.)

loi future prescrivit quelques formalités concernant les transmissions à titre gratuit; car ces transmissions sont le plus ordinairement inconnues, et sont même tellement ignorées des conservateurs des hypothèques, que les noms des donateurs et testateurs
figurent bien longtemps encore après leur mort sur les registres des conservateurs, sans que la plus petite mention officielle
vienne les informer des noms des nouveaux possesseurs; de
telle sorte que l'on peut prendre et renouveler des inscriptions sur
les anciens propriétaires à l'insu des nouveaux, et que ces derniers
peuvent consentir des inscriptions sur des immeubles enregistrés
sous d'autres noms, inscriptions que les conservateurs sont obligés de recevoir sans pouvoir apprécier la capacité de ceux qui ont
conféré les hypothèques.

Sans doute les receveurs des droits de succession adressent des
notes aux conservateurs des hypothèques; mais en supposant qu'il
en soit ainsi, ce ne peut être qu'un rouage administratif dans l'intérêt du fisc, qui, au point de vue de l'intérêt des particuliers, ne
saurait légalement remplacer l'action de la loi.

Loin de nous cependant la pensée d'astreindre les légataires et
héritiers à faire transcrire inutilement les testaments; mais sans
qu'il soit besoin d'avoir recours à une formalité oiseuse, nous
pensons que les conservateurs des hypothèques, à raison même de
leurs fonctions, devraient être substitués aux receveurs, pour la
perception des droits de mutation par décès, ou qu'au moins ces
receveurs devraient être tenus, dans les trois jours de la déclaration que les légataires et héritiers sont obligés de faire, de transmettre aux conservateurs les noms et qualités des nouveaux
propriétaires des immeubles ou droits immobiliers, sauf dans le
cas où, au moment des déclarations, les biens seraient encore indivis, à obliger les notaires à faire la communication aux conservateurs, dans les trois jours de l'enregistrement, de l'acte de partage, dans le cas où le receveur lui-même n'y serait pas assujetti
par la loi. Dans toutes les hypothèses, il nous paraîtrait utile que
le nouveau possesseur fût obligé de justifier, au notaire devant lequel il consentirait hypothèque, de la déclaration de propriété
faite à la conservation des hypothèques, à moins que cette hypothèque ne soit consentie, avant partage, collectivement par les
légataires et héritiers.

La transcription toutefois, comme mode de publicité, laisse

5

beaucoup à désirer, parce que, outre qu'elle est facultative, elle
reste enfouie dans le bureau des hypothèques, à moins que quelque circonstance n'oblige l'acquéreur à en révéler l'existence aux
tiers. Les registres des conservateurs sont publics, il est vrai ;
mais on comprend qu'à moins que l'attention des intéressés ne soit
éveillée, ils ne peuvent se transporter tous les jours au bureau des
hypothèques pour s'enquérir de faits dont ils ne se doutent même
pas, lorsque ce bureau ne fait aucune communication gratuitement (1).

Aussi, nous nous joignons bien volontiers a ceux qui demandent que la transcription soit rendue publique par la voie du
journal d'annonces judiciaires. Nous proposons même d'étendre
cette mesure aux transmissions gratuites. Il va sans dire qu'il ne
s'agirait que d'un simple extrait contenant les énonciations prescrites par l'art. 2104 du Code civil. Aucune objection sérieuse ne
saurait être faite à cet égard ; car, depuis une longue série d'années, cette mesure est pratiquée à Paris ; pourquoi n'en serait-il pas
de même en province ?

(1) Les lois fiscales qui exigent tant de sacrifices de la part des contribua-
bles, ne pourraient-elles pas, en retour, (faire quelque chose pour eux? Dans
cette circonstance, notamment, est-ce qu'il ne serait pas équitable de rapporter en partie le décret du 21 septembre 1810, interprété par celui du 16 septembre 1811, qui fixe les salaires des conservateurs, salaires que le ministre
des finances a reconnus trop élevés? Ne pourrait-on pas spécialement obliger
les conservateurs à donner les renseignements qu'on pourrait leur réclamer,
sans être assujetti à prendre des extraits et des copies, souvent inutiles après
avoir pris connaissance des actes? Nous sommes convaincu, pour notre part,
que, si les communications verbales se faisaient à peu près gratuitement, les
conservateurs délivreraient une bien plus grande quantité d'actes qu'ils n'en
délivrent aujourd'hui.

CHAPITRE IX.

De l'organisation et constitution des bureaux des hypothèques.

De la création d'un bureau central de conservation des hypothèques, au domicile d'origine du propriétaire foncier, où seraient mentionnés tous les immeubles par lui possédés en France, et les charges pouvant les grever.

Depuis l'édit de 1581, qui a créé les conservateurs des hypothèques sous le nom de *contrôleurs de titres*, toutes les lois qui sont intervenues jusques et y compris celle dite organique du 21 ventôse an VII, et même le régime hypothécaire organisé depuis, prouvent de la manière la plus incontestable que les bureaux de ces conservateurs, sauf la perception de quelques droits au profit de l'État, N'ONT ÉTÉ INSTITUÉS QUE DANS L'INTÉRÊT DES PARTICULIERS.

Or, l'organisation et la constitution de ces bureaux telles qu'elles existent aujourd'hui répondent-elles à l'institution? C'est ce qu'il importe d'examiner; car si elles ne présentent pas les avantages qui l'ont fait créer et établir, il est indispensable de les changer, sans quoi les meilleures dispositions du régime hypothécaire seraient infailliblement compromises.

Qu'avons-nous aujourd'hui pour régir ces bureaux? Quelques dispositions du Code civil qui contiennent le principe de la responsabilité des conservateurs des hypothèques et quelques formes à observer pour leurs registres; plus, cette loi dite organique du 21 ventôse an VII, qui se borne à prescrire l'établissement d'une conservation des hypothèques par arrondissement, mais qui ne définit pas, ou que très-imparfaitement (1), les attributions des conser-

(1) Sur trente-neuf articles que contient cette loi, il n'est question des attributions des conservateurs que dans une moitié de l'article 3, encore est-ce d'une manière assez vague.

J.

vateurs, et qui ne règle pas non plus les rapports nécessaires entre ces derniers, pour satisfaire l'*intérêt des particuliers.*

Dès lors le Code civil et cette loi imparfaite, d'ailleurs sans portée réelle aujourd'hui, du 21 ventôse an VII, ayant toujours été insuffisants pour les besoins de l'institution de la conservation des hypothèques, il est certain qu'ils pourraient encore bien moins servir à l'exécution de la loi à intervenir.

Aussi, depuis bien longtemps l'organisation et la constitution des bureaux des hypothèques ont été l'objet de sérieuses et justes plaintes ; plusieurs projets de réforme ont même été présentés et publiés, mais la haute administration des domaines et de l'enregistrement n'a pas tenu compte des unes et a repoussé les autres.

L'un de ces projets (1) cependant se recommande notamment par les avantages réels qu'il présente au double point de vue de l'intérêt de l'État et de celui des particuliers ; et il mérite assurément d'être sérieusement médité par tous les hommes compétents, surtout par ceux exempts de toute préoccupation intéressée.

Ce projet consiste, d'une part, à rattacher très-étroitement la conservation des hypothèques à toutes les administrations ayant des rapports directs avec la propriété immobilière, et spécialement avec celles du cadastre et des contributions foncières ; et, d'autre part, à réunir sur la même tête les fonctions de conservateur et de receveur d'enregistrement, de manière à doter chaque canton d'une conservation des hypothèques, et à rendre complétement inutile la formalité de l'inscription par le seul fait de l'enregistrement de l'acte.

Sous le rapport de la célérité des affaires, le bien du service, l'intérêt de l'État, l'économie des frais, du temps et des déplacements, il n'est pas douteux que, sauf quelques modifications et améliorations qui nous paraissent indispensables, ce système mis à exécution ne pourrait manquer de produire de bons résultats ; mais nous craignons que l'étendue du plan et la perturbation inévitable, quoique momentanée, qui résulterait d'un changement complet dans le personnel de l'administration ; puis la constatation de faits importants par *fiches*, ou par *bulletins*, ou par *extraits*, à reliure mobile, au lieu de registres, ne fasse naître une assez vive opposition, en tête de laquelle il faut compter dès à présent la haute ad-

(1) Celui de M. Loreau, intitulé : *Du Crédit foncier*, 1841.

ministration des domaines et de l'enregistrement, qui s'est exprimée nettement à cet égard; et qu'en définitive ce projet, reproduit aujourd'hui, ne soit pas admis.

Néanmoins, il faut convenir que le principal motif de l'administration, consistant à dire qu'il est de principe que les agents du gouvernement, surtout en matière de finances, ne doivent en aucune manière s'immiscer dans les affaires des particuliers, est plus spécieux que fondé. Sans doute, en thèse générale, il en doit être ainsi; mais l'administration nous permettra de lui faire observer que son objection pèche par sa base, parce qu'elle a perdu complétement de vue le but de l'institution de la conservation des hypothèques, qui, nous ne saurions trop le répéter, N'A ÉTÉ ÉTABLIE, à toutes les époques depuis près de trois siècles, QUE DANS L'IN-TÉRÊT DES PARTICULIERS et non dans celui du trésor, d'ailleurs fort peu intéressé dans la question (1); que d'ailleurs elle peut d'autant moins se prévaloir de ce principe, dans la circonstance particulière qui nous occupe, *qu'elle-même reconnaît qu'elle n'a sur les conservateurs, quoique nommés par elle, qu'un simple droit de surveillance.*

Ainsi, lorsque les conservateurs des hypothèques n'ont été institués au contraire que pour conserver, sous leur responsabilité personnelle, les droits des particuliers, d'après les formes et dans les limites prescrites par la loi; que par la nature de leurs fonctions, ces conservateurs sont *obligés, forcés* même, sous peine d'engager leur responsabilité personnelle, de s'ingérer dans les affaires des particuliers, et qu'enfin l'institution n'a pas d'autre but, il est illogique et irrationnel d'invoquer un principe général ayant pour effet de détruire ou de profondément modifier un principe spécial, servant de base à une loi fondamentale du pays comme celle de l'institution des conservateurs des hypothèques, sur laquelle repose toute la fortune des citoyens.

Aussi croyons-nous que c'est bien moins ce motif d'immixtion

---

(1) Voici, d'après la lettre du ministre des finances déjà citée, le produit de tous les bureaux des hypothèques de France pour l'année 1811 :

Pour inscriptions..	1,210,739 fr. 65 c.
Pour transcriptions........	720,012 13
Total....	1,930,751 78

dans les affaires des particuliers qui préoccupe l'administration, que sa sollicitude pour ses employés; mais on conviendra que ce serait singulièrement amoindrir une discussion intéressant au plus haut degré l'intérêt public, que de la rapetisser à une simple question d'intérêt particulier ou de convenance à l'égard des agents de l'administration.

Que l'on respecte les droits acquis et les traditions administratives, autant qu'ils peuvent se concilier avec les améliorations qu'il est utile et indispensable d'apporter à l'organisation et à la constitution des bureaux des hypothèques, rien de mieux; mais repousser ces améliorations impérieusement exigées pour le développement de l'institution, sous prétexte d'*impossibilité de surveillance*, d'*affaiblissement de responsabilité*, de *désorganisation dans le personnel administratif*, et de *perturbation dans les finances* (1), c'est se jeter dans l'exagération; c'est vouloir renverser tous les principes reçus, pour satisfaire un seul et unique intérêt, bien secondaire assurément, l'*intérêt exclusif et particulier de quelques agents du gouvernement*; c'est enfin limiter et restreindre la fonction au gré et au caprice du fonctionnaire, lorsque, au contraire, c'est ce dernier qui doit se plier, qu'on nous passe l'expression, aux exigences de l'emploi.

En tous cas, que la combinaison dont nous venons de parler soit adoptée ou modifiée, ou que quelques esprits inquiets, craintifs ou prévenus, parviennent à la faire rejeter, toujours est-il qu'il sera nécessaire d'admettre au nombre des mesures à prescrire, afin de donner *aux intérêts des particuliers* une satisfaction justement réclamée depuis longtemps, *la création d'un bureau central de conservation des hypothèques, où viendraient se réunir tous les éléments composant l'ACTIF et le PASSIF de chaque propriétaire foncier né dans la circonscription du bureau* (2).

Assurément, il n'est pas besoin d'un long commentaire pour démontrer l'avantage de ce bureau central de récapitulation, d'indication ou de renseignements, comme on voudra l'appeler. Il suf-

(1) Voir l'ensemble de la lettre du ministre des finances, Documents relatifs au régime hypothécaire, t. III.

(2) La création de ce bureau central n'entre pas dans la combinaison de M. Loreau.

fît de faire remarquer, en effet, que, dans l'état actuel de l'organisation et de constitution des bureaux des hypothèques, un intéressé qui veut connaître la situation foncière d'un propriétaire, est obligé de s'adresser aux trois cent quatre-vingt-six conservateurs de France, et encore ne peut-il obtenir une *situation exacte*, à cause des mutations et transmissions non mentionnées sur les registres des hypothèques ; de telle sorte qu'il est facile aux débiteurs et aux faillis de soustraire une partie de leurs immeubles à l'investigation de leurs créanciers. Ajoutons que la création de ce bureau central aurait évidemment pour effet d'économiser des frais, de nombreux déplacements, et surtout d'éviter des retards qui compromettent si souvent les intérêts les plus graves.

L'avantage que présenterait ce bureau est donc incontestable.

Quant aux moyens d'exécution, ils se réduisent à deux aussi faciles qu'efficaces.

Le premier consisterait à exiger que, dans tous les actes de transmission et conférant hypothèque, on fût obligé, sous peine d'amende (comme pour la patente des commerçants), d'énoncer *la date et le lieu de naissance* de celui au profit duquel la transmission aurait lieu ou qui conférerait l'hypothèque (1). C'est là certes une formalité très-facile à remplir ; cependant, prévoyant le cas où un individu ne pourrait produire son acte de naissance, et par conséquent justifier de son *domicile d'origine*, nous pensons que cet acte de naissance pourrait être remplacé par un acte de notoriété.

Mais, pourra-t-on dire, s'il s'agissait d'un étranger, dans quel lieu établirait-on le bureau central ? Dans ce cas, de deux choses l'une : si l'étranger habitait en France, le bureau central serait celui où il aurait eu son premier *domicile* à son arrivée en France, ou bien encore où il aurait créé un établissement ; si, au contraire, il n'avait jamais eu de domicile ni de résidence, ni d'établissement, le bureau central serait celui de la situation de l'immeuble, à la charge par l'étranger non résidant d'indiquer, dans tous les actes subséquents, ce bureau central comme s'il était son *domicile d'origine*.

(1) Nous avons emprunté cette idée du *domicile d'origine* au système d'immatricule de M. Hébert, ancien notaire.

Ainsi toutes les hypothèses ont leur solution.

Le deuxième moyen d'exécution ne présenterait pas plus de difficulté que le premier.

Le conservateur de la situation des biens qui opérerait la transcription de l'acte de transmission ou ferait l'inscription, serait obligé, dans les vingt-quatre heures, d'adresser à son collègue du *domicile d'origine*, qui devrait lui en accuser réception dans le jour, ou le lendemain, un extrait de l'acte constatant la transmission ou du bordereau d'inscription ; et ce conservateur du *domicile d'origine* serait tenu d'ouvrir, sur un registre spécial, un compte au propriétaire foncier, à l'*actif* duquel seraient mentionnés tous les immeubles qu'il posséderait en France, et au *passif* toutes les charges dont ils seraient grevés.

On ne saurait assurément reprocher à ce mode d'exécution de désorganiser soit le personnel, soit le service administratif, ni d'être trop compliqué (1).

Cependant l'administration reproduira sans doute une objection qu'elle a soulevée dans une autre circonstance. Elle soutiendra probablement que l'envoi des extraits par la poste présenterait les plus graves inconvénients, parce qu'ils pourraient être soustraits, perdus ou égarés, et qu'alors l'un ou l'autre conservateur, et peut-être même tous les deux (celui qui les enverrait et celui qui devrait les recevoir), seraient exposés à une très-sérieuse responsabilité.

Mais ce ne serait qu'un spécieux prétexte, parce que d'abord les conservateurs des hypothèques n'étant responsables que de leurs faits personnels, leur responsabilité serait parfaitement à l'abri par la représentation de leurs répertoires, constatant l'envoi des extraits, et par la justification des reçus donnés par l'adminis-

(1) Sans relations ni avec le bureau des hypothèques, ni avec les notaires, ni les avoués, l'auteur est parvenu à établir *tout l'actif immobilier* de chaque propriétaire, à *Paris*, par ordre alphabétique et par rues ; seulement pour les dates des contrats, prix de ventes, etc., son travail ne remonte que jusqu'à l'année 1812. Comment dès lors un conservateur, qui possède bien mieux qu'un simple particulier tous les éléments constitutifs de la propriété, ne pourrait-il en faire autant ? Les renseignements positifs que l'auteur a fournis aux personnes qui sont venues lui en demander, lui ont donné l'idée de la création qu'il propose d'un *bureau central* de conservation des hypothèques. C'est donc une mesure expérimentée.

tration de la poste ; car il est bien entendu que les lettres seraient *recommandées ;* ensuite parce que les plus simples précautions ordinaires suffiraient pour faire disparaître toute espèce de crainte. Quant aux soustractions, on ne saurait les redouter, à raison de la nature même des pièces, surtout si les lettres d'envoi étaient frappées d'un timbre du mot *hypothèque ;* et d'ailleurs parce que les lettres recommandées ne sont remises aux *destinataires* que sur des *reçus.* En ce qui touche les lettres qui pourraient se trouver perdues ou égarées, ou même soustraites, outre le fait de la recommandation des lettres et l'accusé de réception exigé du *conservateur destinataire,* on obligerait le *conservateur envoyeur,* après un délai calculé à raison de la distance de bureau à bureau, à adresser à son collègue ce qu'on nomme une lettre de rappel.

Ainsi, avec ces précautions que le commerce emploie pour l'envoi de valeurs considérables et au porteur, il ne peut y avoir aucun motif plausible pour trouver un obstacle à l'envoi des extraits par la poste.

L'administration objectera-t-elle aussi que, lorsque de tous côtés on demande l'économie sur les frais, ce serait les augmenter que de créer ce bureau central ?

Dans ce cas, l'administration nous permettrait sans doute de lui répondre que les fonctions de conservateur sont tellement productives, que les directeurs eux-mêmes les sollicitent vivement et sacrifient très-volontiers la position du *grade* pour occuper celle qui rapporte plus de *profit ;* qu'elle-même reconnaît que les salaires des conservateurs sont trop élevés; d'où suit nécessairement que les frais assez minimes que la création du bureau central pourrait occasionner aux parties, seraient très-largement compensés, non-seulement après la révision du tarif des conservateurs, qui, bien entendu, ne pourraient se faire payer pour chaque extrait compris dans l'état de situation le même salaire que pour les certificats d'inscriptions, mais encore par la diminution de ceux qu'elles payent aujourd'hui; et enfin par l'économie du temps, des démarches, des avantages et des facilités que leur procurerait cette création.

Si nous connaissions quel parti sera adopté en ce qui touche l'organisation des bureaux des hypothèques, soit par arrondissement, soit par canton, nous aurions indiqué les mesures transitoires propres, suivant nous, à mettre chaque bureau central en état de fonctionner promptement; mais on comprendra facilement que, dans le doute où nous sommes, et pour ne pas nous jeter dans des hypothèses, nous avons dû nous abstenir.

En définitive, aucun motif tant soit peu sérieux ne pouvant s'opposer à l'établissement de ce bureau central, nous avons la confiance qu'enfin l'*intérêt des particuliers* obtiendra la juste satisfaction qu'il réclame depuis longtemps.

TABLE DES MATIÈRES.

—

CHAPITRE VII.

CHAPITRE VIII.

CHAPITRE IX.

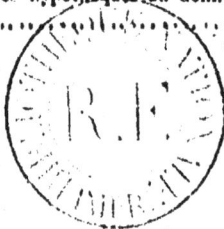

FIN DE LA TABLE.

www.ingramcontent.com/pod-product-compliance
Lightning Source LLC
Chambersburg PA
CBHW071235200326
41521CB00009B/1481